新時代教育のツボ選書 3

授業を変えるコトバとワザ

～小学校教師のコミュニケーション実践～

帝塚山大学 こども学科准教授
森 篤嗣
著

くろしお出版

はじめに

本書で扱うのは、「教室でのコミュニケーション」です。「教室でのコミュニケーション」を詳しく説明すると、「授業や授業以外の場面で、先生と児童との間で交わされるコミュニケーション」となります。特に本書では、教師が何気なく口にしている「コトバ」と、教師のさりげない「ワザ」に着目して、教室でのコミュニケーションを見直すことを目的としています。わざわざ「言葉」ではなく、「コトバ」と表記するのは、教室でのコミュニケーション、とりわけ授業で使われるコトバの役割に敢えて注目して欲しいという著者の願いを込めているからです。そして、コトバやワザとは音声で発せられるものだけではなく、子どもの発話に対して頷いたり、感心したり、無言だったりするような反応もその一部に含まれます。

一般的に、「教室でのコミュニケーション」というと、「子どものコミュニケーションをどう伸ばすか」ということをイメージするかもしれません。しかし、本書では授業での教師の発話を主に取り上げます。なぜなら、現状では授業というと、教科内容という「知識」を伝達することに注目が集まりすぎ、「伝達の手段である教室でのコミュニケーションがどのようにおこなわれているか」ということにまで注意がいっていないのではないか、と思われるからです。どんなによい内容であったとしても、それを伝達するための教室でのコミュニケーションが不完全であれば、伝わらずにこぼれ落ちてしまいます。それはあまりにもったいないことです。

本書は教室でのコミュニケーションの中でも、主に小学校低学年から中学年の授業場面を中心に取り上げていきます。私自身、これまで北から南まで多くの学校を訪問し、授業を見学させていただきましたが、そのうちに、教室で飛び交うコトバそのものにも興味を持つようになりました。また、私はもともと日本語学や言語学を専門としてきましたが、教育現場を見たことにより、そうしたコトバについての知見が、教室でのコミュニケーションの分析に役立つのではと考えるきっかけも得ました。

そして、コトバそのものだけではなく、コトバから紡ぎ出される教師のワザにも興味を持ちました。いま、小学校教員養成という仕事に携わる中で、彼らに現場教師のワザを伝えることの必要性を痛感しており、研究者としてだけでなく、教育者としてこの課題に向き合うことの手応えと喜びを感じています。さらに、私が見てきたワザを全国の現場の先生方と共有できればという思いがあります。

小学校で教えている現場の先生方に「教室でのコミュニケーション」におけるコトバとワザの重要性を是非、認識していただき、先生方が常日頃に実践なさっている子どもたちとの何気ないやりとりが、子どもたちのコミュニケーション能力を伸ばす手立てであることを実感して欲しいと願っております。また同時に、教育に興味がある一般の方々にも読んでいただければと思います。過去に自分が受けた授業を振り返ったり、もしお子さんの授業参観などに参加したりする機会があれば、いままでと違った視点で教室でのコミュニケーションが見えてくるかもしれません。

この本の構成

第1部　教室でのコミュニケーションに注目する理由や、教師の「コトバとワザ」の定義、コミュニケーションの「モデル」としての教師の役割について説明しています。本書の基本的なスタイルとして、教室でのコミュニケーション例を冒頭に挙げるということ、そして、その解説をしていくということがあります。第1部もこのスタイルに従い、まずは教室でのコミュニケーション例から始まるようにしています。

第2部　「コトバを見直す」というタイトルで、教師の無意識的なコトバについて取り上げています。各項目のサブタイトルには、その項目で取り上げる言語形式を挙げるようにしています。「気をつけよう」という項目もあれば、「これは使える」という項目もあります。自身の教室でのコミュニケーションを振り返るきっかけにしてください。

第3部　「ワザを見直す」というタイトルで、全国の現場で観察してきた中から選りすぐりの教師のワザを取り上げています。ワザといっても、ある特定のカリスマ教師にしかできない特殊技術というわけではなく、どの学校にも必ず何人かはいらっしゃる「授業がうまいと言われる先生」のちょっと気の利いたワザといったところです。もし、お読みになって「私もやっているな」と思えば、その技術を誇りにしていただければと思いますし、経験年数の少ない先生方や教員志望者は、こうしたワザを共有してください。

コラム　各節末に配置したコラムは、日本語学や心理学、外国人に対する日本語教育における知見のうち、あまり学校教育では知られていないと思われる事項を取り上げてみました。単に紹介にとどまるのではなく、それぞれの知見が学校教育にどのように役立つのかという観点で書いてあります。

目次

第3部　ワザを見直す

問いかけのワザ

第1部

コトバとワザとは

教室でのコミュニケーションというと、真っ先に「子どものコミュニケーション力を伸ばす」ということが思い浮かぶかもしれませんが、本書では「教師のコトバとワザ」を取り上げています。第1部では、なぜ子どもではなく教師のほうに注目するのかということはもちろん、「コトバ」と「ワザ」はどう違うのかなど、本書の基本姿勢について解説します。

1 教師のコトバとワザの記述

《2年朝の会》
♪キーンコーンカーンコーン
教　師　：はーい、みなさん、チャイムですよー。座りましょう。
子どもたち：(だんだんと座り始めるが、まだ隣の子とおしゃべりしている)
教　師　：はい、はい、はーい。前を向いてくださーい。先生の話を聞いてー。
子どもたち：(なかなか前を向かない)
教　師　：よーし……。

前を向いてもらうには

みなさんにとってもなじみ深い「♪キーンコーンカーンコーン」というチャイムが鳴ると授業の始まりです。子どもたちも授業が始まるということはわかっているのでしょうが、どうしても休み時間に熱中していた遊びや、弾んでいたおしゃべりをピタッとやめて席に着くというのはなかなか難しいものです。それに、座ったとしても、前を向いて静かになるまでには時間がかかります。

　このような教室でのコミュニケーションにおいて、教師はどのようなコトバとワザを駆使しているのでしょうか。

教師のコトバとしての「はい」

　この会話場面、座らせる場面でも、そのあと前を向かせる場面でも、教師は「はい」や「はーい」というコトバを連発しています。私たちは「はい」は相手への肯定の応答として使うと考えがちですが、実は、ここでの「はい」は注意の喚起です。応答の「はい」は「うん」や「ええ」に置き換えられますが、注意喚起の「はい」は「うん」や「ええ」には置き換えられません。実は別物なのです。教室場面では、教師が注意喚起の「はい」を使うことで、子どもたちの注意を引きつけるほか、「はい、次の問題にいきましょう」や「はい、時間です」のように、区切りを付ける働きもあります。

　したがって、この会話場面で「はい」を使うのは正しいのですが、やや「はい」の安売りになってしまっています。私が見たあるベテラン教師は「はいっ！」とかなり大きな声を張り上げて、子どもたちの注目を集めてから、急に笑顔になり、優しく小さめの声で「座りましょう」と指示していました。大きな声を出す部分が「おいっ！」や「こらっ！」では子どもたちは怒られたと思ってしまいます。しかし、子どもたちが「はいっ！」で一瞬教室が静かになったあと、後半の「座りましょう」が小さな声であっても聞こえるとすれば、もう目的は遂げたようなものですね。

教師のコトバ─無意識的な教育話法の記述

　さて、ここでは「はい」を取り上げましたが、実は教室でのコミュニケーションにおいて教師が話すコトバには、これと似たような無意識のうちによく使っている表現が数多くあります。本書で取り上げる「コトバ」とは、この「はい」のように教師が無意識のうちに発する一つひとつの語や表現を指します。実際には、このように無意識のうちに使われるコトバが、教師を教師らしくする話し方そのものになっており、その意味で、教育現場で活躍していらっしゃる先生方は、実はすでに教師のコトバを身に付けていると言えます。

そもそも、教師の話し方に注目しようという考え方は、とりたてて新しいものではありません。国語教育学の世界で有名な野地潤也氏は、教師にとっての専門話法を「教育話法」と名付けました[1]。野地氏は、教育話法を「教師としての経験の中で熟達していくべきもの」と位置づけています。ここで先ほどの「はい」に戻って考えてみて欲しいのですが、「はい」は無意識のうちに発せられるコトバであり、経験の中で熟達していくとは言いにくいものです。

本書で扱う「コトバ」は、教師が使う専門話法という点では「教育話法」と呼ぶことができますが、無意識のうちに発するがゆえに、経験の中で自然に熟達していくものではありません。自身のコトバのあり方を振り返る機会がないと変化しないのです。この点について言えば、本書で扱う「コトバ」は、野地氏が言う「教育話法」とは異なると言えます。

では、「こうした教師のコトバはどうすれば改善していくことができるのか」ということですが、本書の狙いは、「そういえばそうだなぁ」と自身のコトバ(無意識的な教育話法)を振り返っていただくことにあります。すなわち、自己モニターによる改善です。また、これから教師を目指そうという人、教師になりたての人に向けては、「これが教師らしい話法ですよ」というサンプルを示したいと思っています。もちろん、本書に載っているコトバは、教室でのコミュニケーションを網羅しているわけではありませんが、本書をきっかけとして、自身のコトバを振り返る機会を得ることができると考えています。

教師のワザとしての指ゲームによる動機付け

次は教師のワザです。前を向かせる場面で、「前を向いてください」というのも正しいと言えば正しいのですが、何のために前を向くのかという点で動機付けが足りないかもしれません。

これはあるベテラン教師のワザです。席には座ったものの、まだ隣の子どもとしゃべっていて前を向いていない子どもがいるときに、「何本？」と言って一瞬だけ指を3本出して引っ込めました。そうすると、前を向いていた子だけが「3」と答えます。すかさず今度は両手で10本を示し「何本？」と問いかけます。これでほとんどの子は「10！」と答えます。さらに素早く大きな動作で指を7本示し、今度は子どもたち全員で「7！」と答えました。もう全員が先生を見つめています。あとは、優しくゆっくりと「手は膝の上」と声をかけることで、集中して授業を始める環境を整えてしまいました。

このワザのポイントは「前を向かせたいのであれば、前を向く必然性を与える」という点です。子どもたちに前を向くための動機付けを与えると言い換えることもできます。

教師のワザ―意識的な教育話法の記述

このように、教室でのワザとは、何らかの意図をもって意識的におこなわれる教育話法であり、別の表現で言い換えると、方略（ストラテジー）となります。先ほどの「はい」のように、一つひとつの語や表現を指すコトバと違い、談話として展開されるもので、これを身に付けていくには経験による熟達が必要です。

ただ、教師が意識的におこなっている教室での行動やコミュニケーションも、「たわいもないこと」と認識されがちです。私が授業を見学していて、「なるほど」と感じるワザについて、ご本人にお尋ねしても、大概の場合「いや、たいしたことじゃないんですよ」とおっしゃいます。しかし、先生自身もその重要性に気づいていないような、何気ない教室での行動やコミュニケーションにこそ、実は特筆すべき教師のワザが隠されているのです。また、ベテラン教師だけではなく、若手の先生方の中にも、思わず唸るようなワザをお持ちの方が多くいらっしゃいます。

それらが共有できていければ役に立つと思うのですが、現場の先生方はなかなか忙しく、お互いの授業を見学する時間も十分には取れません。また、教室での行動やコミュニケーションについて交流を持つ機会も多いとは言えないでしょう。そこで本書では、私が研究のために多くの授業を見学させていただいたり、記録を取らせていただいたりしたことを踏まえ、多くの先生方のワザを紹介していきます。

コトバとワザとは

ここでもう一度、コトバとワザの関係を整理しておきたいと思います。もちろん、コトバとワザはきれいに二分できるようなものではありませんが、おおよその目安として下のように表にまとめてみました。

コトバはまさに言語そのものですが、ワザは言語を用いて相手に伝える方略（ストラテジー）であると言えます。話すことというと、どうしても話す内容に目がいきがちですが、本書で取り上げるコトバとワザは伝え方、話し方です。つまり、どのコトバを使って、どのようなワザで子どもたちに伝えようとするかということになります。

	コトバ	ワザ
言い換えると	言語そのもの（ワード）	方略（ストラテジー）
言語としての単位	小（語句レベル）	大（談話レベル）
意識的かどうか	無意識的	意識的
改善や会得の方法	自己モニター	経験による熟達

言語としての単位の大きさで言うと、コトバは語句レベル、ワザは談話レベルです。コトバは、例えば「はい」のようにカギ括弧を付けて示すことができますが、ワザはそのような形で示すことはできず、談話の流れとでも言うしかありません。また、意識的か無意識的かについてもこれ

までに述べてきました。コトバは無意識的で、自らの言語行動を振り返る自己モニターをきっかけとして改善できるものであり、ワザは意識的に経験することによって熟達していくものです。そのため、特にワザに関しては、できるだけ多くの先生方で共有していくことが効果的です。

【1】野地潤也 1953『教育話法の研究』柳原書店、野地潤也 1996『教育話法入門』明治図書出版

コラム 1　学習における動機付けの働き

授業に限らず、学校教育のあらゆる場面において、子どもたちのやる気が大切であるということは常識だと言えるでしょう。しかし、やる気を持たせること、すなわち動機付けについては、大切さはわかっているけれども、具体的にどのようにすれば高めていくことができるかとなると難しいところです。

ここで、動機付けについて理論的に整理してみます。動機付けは賞罰など外的な目標によって行動が引き起こされる外発的動機付けと、行動すること自体が楽しいといった内発的動機付けに分類することができます。具体例に当てはめてみると、「テストでいい点が取りたい」、「先生や両親にほめられたい」といったものは外発的動機付けであり、「そうなっていたのか！　もっと知りたい」といったものが内発的動機付けということになります。

もちろん、両者ははっきりと二分できるようなものではありません。「もっと知りたいし、先生や両親にもほめられたい」というように、両立することもあるからです。ただ、あまり外発的動機付けに偏ると、内発的動機付けを抑制してしまう恐れがあります。例えば、「テストで100点を取ったら、○○してあげる」や「テストで低い点

だと、××される」というのは、外発的動機付けです。○○や××に入る賞罰によって、その度合いは異なりますが、賞罰に気を取られるあまりに、学習は付属品となってしまい、内発的動機付けが乏しくなるということは大いにあり得ることです。

しかし、これとは逆に、外発的動機付けが内発的動機付けを喚起することもあります。一般に学習の成功は、それ自体が報酬となり、学習に対する積極的な態度を培います。つまり、「よくできたね」とほめられることは、外発的動機付けにもなり得ますが、その一方で、対外的な評価が自己内の達成感となり、「よし！　次も頑張ろう」という内発的動機付けにもつながります。外発的動機付けが全くない放置された状態であっても、内発的動機付けのみで学習を進めていくことができればよいのですが、実際はそうした子どもばかりではありません。大切なのはバランスです。過度ではない適切な外発的動機付けを与えることによって、子どもたちが内発的動機付けに基づいて学習を進めていくことができるようなバランスが大切なのです。

2　コミュニケーションの「モデル」としての教師

《2年終わりの会》

♪キーンコーンカーンコーン

教　師：はい、みなさん、席に着いてください。

子どもたち：（早く席につく）

教　師：はい、みなさんとっても早く席についてくれましたね。先生はとっても嬉しいです。

イカワくん：先生、明日はピアニカ、持ってくる?

教　師：「ピアニカは持ってきますか」ですね。

イカワくん：あ、はい。明日はピアニカは持ってきますか。

教　師：はい、よくできました。ええ、ピアニカを忘れずに持ってきてくださいね。

言語環境を整える

みなさんはこの会話場面を見てどのように感じたでしょうか。ひょっとすると先生が少し丁寧に話しすぎなのではないかと感じたかもしれません。ただ、この会話場面の「ピアニカは持ってきますか」という指導の部分のことも考えてみると、子どもたちに丁寧な言葉遣いを求めるのであれば、先生も丁寧な言葉遣いをすることが必要です。先生の言葉遣いが丁寧でないのに、子どもたちに対しては「丁寧に話しましょう」とは言えないでしょう。

子どもたちに対して乱暴な言葉遣いで接しようと思っている先生は少ないと思いますが、乱暴とまではいかなくとも、子どもたちへの指示が丁寧すぎると「指導力が発揮されない」と考えたり、「子どもたちに媚びている」と考えたりすることはあるかもしれません。しかし、教室において、教師は子どもたちに比べると、もともと優位な立場にいます。また、学習指導要領に、「言語に関する能力の育成を図る上で必要な言語環境を整え、児童の言語活動を充実すること（平成二十年三月公示「小学校学習指導要領」第一章総則第4の2（1））」と明記されているように、子どもたちの言語環境を整えることは教師の義務です。言語環境とは、例えば教室の掲示物のようなものだけを指すのではありません。子どもたちに最も大きな影響を与える言語環境とは、長い時間接する教師の話し方にほかならないのです。

教室でのコミュニケーションを取り上げる場合、大きく二つの対象があります。それは教師のコミュニケーションと、子どものコミュニケーションです。学校教育や国語教育の目標が、子どもたちのコミュニケーション能力の向上にあるとすれば、子どものコミュニケーションを取り上げる方が直接的だという考えもあるかもしれません。しかし、本書では子どもたちの言語環境を整える必要があるという観点から、教師のコミュニケーションを取り上げています。

教師がコミュニケーションの「モデル」に

では、子どもたちの言語環境を整えるための教師のコミュニケーションとはどうあるべきなのでしょうか。それは、「子どもは大人の鏡」であることを常に意識するということ、言い換えれば教師自身のコミュニケーションが子どもたちのコミュニケーションの「モデル」になるように努めることです。「子どもは大人の鏡」というフレーズは、世界中でベストセラーとなった子育て本に載せられている詩から来ています[1]。この詩から何行か取り上げてみたいと思います。

けなされて育つと、子どもは、人をけなすようになる。
叱りつけてばかりいると、子どもは「自分は悪い子なんだ」と思ってしまう。
励ましてあげれば、子どもは、自信を持つようになる。
誉めてあげれば、子どもは、明るい子に育つ。
認めてあげれば、子どもは、自分が好きになる。
見つめてあげれば、子どもは、頑張り屋になる。
子どもに公平であれば、子どもは、正義感のある子に育つ。

この詩を読んだとき、私自身も子どもを持つ親として、なるほどと共感しました。そして、今度は教育研究者として、「教育も同じだな」と感じました。この本は子育てを対象にしていますが、親子の関係を教師と子どもの関係に読み替えると、教育でも通用します。

子どもたちにとって、教師は親の次に身近な大人です。そして、教育を職業とするプロフェッショナルでもあります。子どもたちのコミュニケーション能力を伸ばすには、その教師がよいコミュニケーションのモデルになることが近道だと言えます。教師は子どもたちの憧れの対象であり、モデルとなるべき仕事なのです。

私は小学校教員を目指す学生たちに、「子どもたちにやらせることは、まず自分が徹底的にやってみること」と教えています。子どもたちに遅刻をするなと言うのであれば、自分が遅刻をしない。子どもたちに本を読めと言うのであれば、まず自分が本を読むといった次第です。これに従えば、子どもたちのコミュニケーション能力を伸ばしたいのであれば、まず自分のコミュニケーション能力を伸ばそうと努力すること、すなわち、自らのコトバを振り返り、先輩教師たちのワザを学ぶことが不可欠であるというわけです。

【1】ジャックキャンフィールド、マーク・ビクターハンセン 1995『こころのチキンスープ―愛の奇跡の物語』ダイヤモンド社

コラム２ 教師のコトバとワザに魅せられて

本書では、教室でのコミュニケーションに埋め込まれている教師のコトバとワザを紹介していますが、ここでは、なぜ私がこういうことに興味を持ったのかについて、少しお話ししてみたいと思います。

もともと私は教員志望で、関西地方の教育大学に進学しました。当初は文学が好きだったので、中高の国語教師を目指していたのですが、進学後、学級担任として子どもをあらゆる側面から見ることができる小学校教師に惹かれるようになりました。学生時代に抱いた小学校教師への憧れはいまもあり、研究の原動力になっています。

研究の世界に足を踏み入れるきっかけになったのは、卒業論文です。当時はあまり深く考えず、国語教育ゼミで文法教育を卒論テーマに選んだのですが、このことが人生そのものを大きく変えることになるとは、当時は思

いもしませんでした。卒論として文法教育について調べているうちに、学校文法とは異なる日本語学という研究があることを知ったのです。その後、小学校教師を目指しつつ、日本語学の面白さにのめり込んで、修士課程、そして博士課程へと進学したのですが、やはりどこかで「これを国語教育に活かせないものか」と考えていました。一方で日本語学講座では、外国人に対する日本語教育に関わる人が多く、私も日本語教育に興味を持ち始めました。そして博士号を取ったあと、国内で仕事がなかったこともあり、タイで日本語を教えることになりました。タイでの仕事はわずか1年でしたが、日本に帰ってきてからも、国立国語研究所などで日本語教育の仕事を続けました。しかし、巡り合わせもあり、２０１１年春から帝塚山大学で国語教育担当として小学校の教員養成に携わることになりました。つまり、国語教育から始まり、日本語学を経て、日本語教育の現場での教育・研究もしてきたわけですが、ぐるっと一周回って、再び国語教育・学校教育という原点に帰ってきた感じです。もともと「言葉を教える」という観点から、日本語教育と国語教育の差について考えてきたわけですが、日本に帰ってきてからは、「言葉で教える」という観点から授業のあり方の違いについても興味を持つようになりました。こうして、日本語学の観点から教師のコトバを分析し、日本語教育の観点から授業での教師のワザを見直すというのが目下の興味となったのです。

第2部

コトバを見直す

教室でのコミュニケーションは、教師と子どもの関わりによって生まれるものです。そのため、その広がりは無限であり、全体像をとらえることは困難です。しかし、だからといって抽象論や精神論を唱えるだけでは改善につながりません。第2部では会話場面をもとに、教師のコトバについて具体的な語やフレーズを取り上げ、教室での効果について解説します。

1 いつの間にか言っているコトバ

教師の口ぐせ1

気づけば連発している「ちょっと」や「ちゃんと」

《4年国語》

教　師　：はい、それではちょっと36頁を開いてください。
子どもたち：（本を開く）
教　師　：いいですか、はい、ちゃんと開きましょうね。
子どもたち：（特に反応なし）
教　師　：いいですね。では、ちょっとみんなで最初から読んでみましょうか。
子どもたち：はい。
教　師　：ちゃんと本を持ってください。はい、では。さんはい。
子どもたち：（一斉音読を始める）

「ちょっと」は少し？

この会話場面では、「ちょっと36頁を開いてください」とありますが、この場合、36頁をがばっと開かずに、「ちょっと」だけ、すなわちほんの少しだけ開くのでしょうか。そんなはずはありません。同じように、「ちょっとみんなで最初から読んでみましょうか」についても、子どもたちが読み始めたと思ったらすぐにやめて、「ちょっと読みました」と答えたら、教師は「何をふざけてるの！」と怒り出してしまうかもしれません。

「ちょっと」は「塩をちょっと入れる」のように、「少し」の意味で使われることもありますが、日常会話における「ちょっと」はほとんどの場合、特に意味がないことが多く、口ぐせのように使われることが多いのです。意味がないというだけであれば、「ちょっと」を使ってはいけないということにはなりません。しかし、二つの点で「ちょっと」の乱用は適切とは言えません。

一つ目は、「少し」という意味で使われる「ちょっと」と混乱してしまうということです。例えば、「ちょっとこっちに来てください」と指示する場合の「ちょっと」は、時間がほんのわずかであることを示します。つまり「少し」の意味があるわけです。「少し」の意味がないときに「ちょっと」を乱用することは、子どもたちの「『ちょっと』って言ってるし、少しかな」という予測を裏切り、混乱のもととなりかねません。

軽さや責任の回避を感じさせる「ちょっと」

二つ目は、「ちょっと試してみるか」のように使われるときの「軽い気持ちでおこなう」という意味に取られてしまうということです。この用法の「ちょっと」は「頑張って」や「真剣に」の対義語として使われます。教師が「ちょっと」を連発することで、その指示に軽さを感じさせたり、責任の回避をしていると感じさせたりするとすれば、ゆゆしきことだと言えます。また、相手の問いかけに対して、「すみません。ちょっと……」のように断る場合も、理由を曖昧にするという点では責任の回避であると言えるでしょう。

そして、何よりも問題なのは、教師が「ちょっと」を連発することにより、子どもたちも「ちょっと」を連発するようになりかねないということです。子どもたちの言語使用を適切に指導すべき教師が、適切ではない状態に導いてしまうのは残念なことです。筆者が50の授業を文字化したデータでは、「ちょっと」は576回も出現していました。1回の授業で平均10回以上ですね。もちろん、「少し」の意味がある「ちょっと待って」なども含まれているので、全てが意味のない「ちょっと」ではありませんが、これらのうち意味がない「ちょっと」を使うのをぐっとこらえて、軽さも責任の回避も感じさせない堂々とした指示を心がけてみると、指示のイメージも大きく変わってくるのではないでしょうか。

「ちゃんと」の達成目標を明示しよう

この会話場面での「ちゃんと開きましょうね」や「ちゃんと本を持ってください」の「ちゃんと」も無意識に連発するコトバです。50の授業を文字化したデータでは、「ちゃんと」は62回出現していました。「ちょっと」に比べれば少ないですが、同じような意味を表す「しっかり」は37回、「きちんと」は10回なので、これらに比べれば少なくはありません。「ちゃんと」についても、子どもたちにどこまですれば「ちゃんと」になるのかということをきちんと示しており、そのとおりにすることを指示するというような明確な意図があればよいのですが、そうでなければ、「ちゃんと」は教師の押しつけがましさの象徴になりかねません。

言うまでもないことですが、多くの子どもたちは「ちゃんと」したいと思っています。しかし、どうすればちゃんとしたことになるのかが示されないまま、親や教師から「ちゃんとしなさい」と連発されてしまうと、やる気を失ってしまったり、「ちゃんとしてるのに！」と反発したりすることになってしまいます。教師にとっては、子どもたちをしつけなければという焦りから、無意識に「ちゃんと」を連発することになるのだと思いますが、子どもたちからすると、押しつけがましく感じるのです。

他の言語形式と同様で「ちゃんと」を絶対に使ってはいけないということではありません。「ちゃんと」を使う場合には、何をどこまですれば「ちゃんと」になるのかということを示すべきだということです。例えば、算数で「ちゃんと『枚』や『本』などの単位を付けましょう」という指示における「ちゃんと」であれば、数字に「枚」や「本」といった単位を付けるということを達成すれば「ちゃんと」したことになることが明らかです。この場合は、「ちゃんと」を使っても構わないというわけです。

スピーチスタイルと「ちゃんと」

もちろん、「ちゃんと」はややくだけたスピーチスタイルの表現ですので、子どもたちのお手本となるという意味では、もう少しフォーマルに「しっかり」や「きちんと」を使った方がいいという議論はあるかもしれません。これは指導する学年によっても異なるでしょうし、国語などでプレゼンテーションをさせる場合には「ちゃんと」は好ましくないなど、教科や学習活動によっても異なります。こうしたスピーチスタイルの問題は「ちゃんと」に限らず、考えておく必要があります（参照コラム3）。

2 教師の口ぐせ2「いいですか」と言うことの意味

《2年算数》
教　師　：はい、それでは鉛筆を置きましょう。いいですかー。
子どもたち：(鉛筆を置く。ざわざわする)
教　師　：いいですか。
子どもたち：(特に反応なし)
教　師　：はい、では、次に進みます。いいですか。
子どもたち：(特に反応なし)
教　師　：はい、いいですね。それでは、次にいきましょう。はい、いいですか。こっちを向いてください。

対話や演説では高圧的な「いいですか」

学校における教師の発話を思い浮かべてみればわかりますが、「いいですか」という確認は、教室でのコミュニケーションにおいて非常によく使われる言い回しです。

しかし、日常生活における一対一の対話場面で、相手に対して「いいですか」と言うと、かなりけんか腰という感じがします。なぜなら、「私の意見は当然、理解できましたよね」や「受け入れられますよね」という押しつけの強い表現だからです。「よろしいでしょうか」にすればかなり印象はやわらぎますが、本質としては大きく変わりません。

また、講演や演説など、一対多の場面でも、「いいですか」というのは、前置き的に「ここのところは当然、わかっておいてもらわないと困ります」というニュアンスで使われることが多いと思います。自分の主張を述べる前置きとして、ここぞというときに力を込めて使うことも多いでしょう。

このように考えると、対話であれ演説であれ、どちらの場合であったとしても高圧的な表現であるということができます。

教師の「いいですか」は無意味発話？

もちろん、教師はここまで高圧的な態度を示すために「いいですか」を使っているわけではありません。子どもたちの状況を確認するために何気なく口をついて出てくる表現だと言えるでしょう。しかし、ほとんどの場合、子どもたちは「いいですか」に対して「駄目です」と答える場面がありません。ほとんどの場合はこの会話例のように、無言の対応であると思います。その意味では、教師の「いいですか」という発話は、コミュニケーションという観点からすると、ほとんど無意味発話であるということになります。ただ、「いいですか」もイントネーションなどによっては、本当に子どもたちの状況を確認するために使われる場合もありますし、「待ってくださーい」のような反応がある場合もあるでしょう。そういう場合の「いいですか」は意味がある発話です。

しかし、ほとんどの場合、教室においては教師が進行をコントロールする権限を持っていますので、「いいですか」と言わなくとも、教師が状況を見ていいと思えば構わないということになります。ここで言いたいのは、「いいですか」と決して言ってはいけないというわけではなく、口ぐせになってしまったほとんど意味のない「いいですか」になっているのではないかということです。本来、「いいですか」というのは、かなり高圧的なコミュニケーションを示す形ですので、そのことを自覚し、使わなくてもいい場面で口ぐせのように使うのはやめるという考え方もあると思うのです。

教室でのコミュニケーションを再考する

もし、ある教師が「明日から『いいですか』はやめよう」と思って、実行し始めたとしたら、教師は途端に困ると思います。それほど、あちこちで「いいですか」と発話していたことに気づくでしょう。そして、いままで全て「いいですか」で済ましていた場面で、「いいですか」の代わりに具体的にどういう確認をするのかを考え、発話したり行動したりすることは、教師自身のコミュニケーションを再考するための大きなきっかけになることと思います。

3 教師の口ぐせ3

連呼の役割

《3年算数》
教　師　：じゃあ、発表してくれる人？
ヨシダさん：（挙手）
教　師　：はい。じゃあ、ヨシダさん。
ヨシダさん：（前に移動して来て、発表しようとする）
教　師　：あー。待って、待って、待って、待って、ストーップ。
ヨシダさん：（驚いて発表を止める）
教　師　：（クラス全体の方を向いて）友達が前で発表するときには前を向くのがマナーだよ。

連呼による強調

この会話場面では、「待って、待って、待って、待って」と4回も「待って」が繰り返されています。

このように、同じ単語を繰り返すことを「連呼」と言いますが、それが使われる理由に注目すると、ここでの「待って」の連呼は「強調」と言っていいでしょう。

実は連呼による強調というのは話し言葉としての日本語の大きな特徴の一つなのです。英語では、重要な語にアクセントを置いて（強く発音して）強調するということを習ったことがあるかと思います。日本語もアクセントで強調するという方法が取られることもあるのですが、それ以上に、この会話場面のように連呼して強調することの方が多いのです。連呼による冗長性をいとわないという特徴が日本語の話し言葉にはあるということです。

連呼による強調は、何も教師だけに特有なものではありません。しかし、一対多である教室場面では、一対一の対話場面よりも、相手が予想と異なる行動をすることが多くあります。予想通りにいかない場合、その行動を制止したり変更を求めたりすることが多くなり、教師は口ぐせのように連呼を繰り返すことになりがちです。特にその相手が中高生よりも小学生、とりわけ低学年である場合、「予想しない行動」は増える傾向にあり、連呼もどんどん増えるようです。

連呼によるやわらげ

ところで、「待って、待って、待って、待って」のように、文字で見ると、やや変な感じがするかもしれませんが、日本語の話し言葉を注意深く聞いてみると、周囲に連呼があふれていることがわかります。

人に呼びかけるときの「ねえねえねえねえねえねえ」、感心しながら人の話を聞くときの「うんうんうんうんうんうん（大げさに首を縦に振りながら）」、言い争いをなだめるときの「まあまあまあまあまあまあ」などいくらでもあります。しかし、文字にすると、これだけたくさん並べると明らかにおかしい感じがします。実際、小説や漫画でこうした場面を調べてみると、「ねえねえ」「うんうん」「まあまあ」などのように、せいぜい二回ほどの繰り返しで終わっていることが多いようです。

しかし、私たちの話し言葉では、実際には連呼を多用しています。そして、この会話場面のような連呼は強調ではなく、やわらかくくだけた印象を与える役割を果たしています。「ねえ」と一回だけ鋭く呼びかけると、呼びかけられた相手はびくっとするのではないでしょうか。「ねえねえねえねえねえねえ」と連呼している場面をイメージすると、ちょっと手を招きながらにこやかに近づいて行って「お話があるのよ」という感じがするのではないでしょうか。「うん」も一回だけだといかにも感心がなさそうな印象です。「うんうんうんうんうんうん」と連呼して大げさに首を上下していると、いかにも相手の話を感心して聞いていますよという印象になります。「まあまあ」も、これだけだと言い争いが収まりそうにありません。「まあまあまあまあまあまあ」と連呼しながら両者を手で抑えるような仕草が必要でしょう。

ここで紹介した連呼の例で考えてみると、発話だけではなく、身振り手振りが重要であることがわかるかと思います。身振り手振りを付けるということは、当然のことながらある程度の時間幅があるということであり、その動作の間中、連呼をするというのが自然だということです。これらの連呼によるやわらげ機能は、親しみのある教師像とマッチします。カタイ教師もいいですが、ときには連呼でやわらかく語りかけてみましょう。

ジェスチャーも交えて連呼で注意

子どもたちに注意するということは、適切な行動を取るように強調して伝えるということですから、やはり連呼することが多いでしょう。ただ、「静かに、静かに、静かに、静かに」とむやみに何度も連呼しても効き目が薄いかもしれません。もちろん、連呼だけでなく大きな声で叫んでも期待薄です。

教室における子どもたちのコミュニケーションは、一人の教師と多数の子どもたちによる一対多のコミュニケーションです。そこで、繰り返す場合は、単に連呼するのではなく、ジェスチャーも交えながら、最初は右手前で「静かに」、次に右奥で「静かに」、次に左奥で「静かに」、そして最後に左手前を見ながら「静かに」と、目線を配りながら連呼した方が効果的です。特に注意したい子どもの目をじっと見つめて言うといいですね。日常生活では一対多のコミュニケーションというのは、そうあるわけではありません。連呼は教師の口ぐせでもありますが、一方でこのような目線配りによる連呼は教師の一つのワザといってもいいかと思います。

4 教師のコトバに潜む比喩

日常的な比喩は教えるもの？

《1年国語》

教　師　：はい、じゃあノート取って。

ナカジマくん：もう出してます。

教　師　：ん？　そうじゃあないよ。書くんだよ。

ナカジマくん：あー、そういうこと。

教　師　：当たり前でしょ。まったくもう。じゃあ、つぎ、このプリント回してください。

ヨシダさん：はーい。（プリントをぐるぐる回す）

教　師　：おい、ふざけてんの？

ヨシダさん：え……。（しょんぼりする）

教　師　：じゃ、テレビを見ますので、キザキさん、電気を消して。

キザキさん：消しゴムでですか？

教　師　：……。

日常的な比喩によるすれ違い

この会話場面でのやりとりはあくまで架空のものです。実際にはコントでもない限り、ここまでの状況は起こらないでしょう。逆に言えば、コントというのは、日常的な比喩によるすれ違いを巧みに扱うということで成立しているというわけです。

比喩といえば、一般的には「花のような笑顔」といった直喩、「あの男は狼だ」といった隠喩など、国語科教育では主に文学作品などで扱われるのがほとんどです。しかし、この会話例でもわかるように、「ノートを取る（取り出すのではなく書く）」、「プリントを回す（後ろの人へ渡す）」、「電気を消す（照明のスイッチを押す）」などは、字義どおりの意味ではありません。これらの表現は、国語科教育では一般的に「慣用句的な表現」と言われていますが、言語学ではこれらも広い意味での比喩に含められます。

この会話場面のような、字義どおりの意味にならない慣用句的な表現も含めて考えると、私たちの日常的な言語活動は、多くの比喩に頼って成立していると言えます。大人同士のコミュニケーションであれば、「それぐらいわかって当然だろう」ということでも構わないと思いますが、例えば1年生など低学年の子どもたちや、比喩的な表現を理解しにくい特別支援の子どもたちと向かい合う場合はそうはいかないでしょう。

文脈について理解する

冒頭で「あくまで架空」と述べたのには理由があります。なぜなら、実際のコミュニケーション場面では、文字だけではなく、声の強弱やアクセント、表情やジェスチャーなど様々な付加情報があり、それによって大きく理解が助けられるからです。したがって、低学年児童であっても、この会話例のようなことには、そう簡単にならないのです。

逆に言えば、発話だけではなく、声の強弱やアクセント、表情やジェスチャーなどといった情報がいかに大切かということでもあります。文脈を読む、もしくは最近では「空気を読む」とよく言いますが、文脈は文字情報からだけ読み取るものではありませんし、同様に空気も文字どおり空気を読んでいるわけではなく、どちらも声の強弱やアクセント、表情やジェスチャーなどといった様々な周辺状況を含めた情報を読んでいるのです。例えば、この会話場面では書く動作をしながら「ノートを取って」と指示すれば伝わり方はずいぶん違います。

私たちはコミュニケーションにおいて、相手の発話を全てきちんと聞いているわけではありません。日本語母語話者同士のコミュニケーションであっても、ちょっと聞き取れない部分や、よくわからなくて聞き流している部分があるのです。それでもコミュニケーションが成立するのは、発話以外の情報による文脈理解のおかげなのです。

全て教えればいいのか

さて、それでは具体的な解決方法について考えてみましょう。教師が日常的な比喩によるすれ違いに対処するために、「ノートを取る」も、「プリントを回す」も、「電気を消す」も、全てきちんと教えればいいという考え方があります。確かに大人の言語活動では無意識に使っている比喩でも、子どもたちに理解ができないのであれば、それを教えるというのが教育という気もします。そして、これをどの教科で教えるかといえば、国語科かもしれません。

しかし、異議もあるでしょう。教科書で学習項目になっているわけではありませんし、学習指導要領においても、比喩はもっと上の学年で扱われることになっています。もっと言えば、この会話場面のようなやりとりは国語科に限らないでしょうから、教えるといっても教科指導ではなく、個別的な生活指導の範疇になるかもしれません。そうなると、全ての児童に、全ての日常的な比喩をきちんと教えて、その結果として、クラス全員が理解できるようにするというのは絶望的です。

もちろん、全てを教えるというのは不可能かもしれません。しかし、日常的な会話の中で感じた問題について、その都度、真摯に何度でも間違いを諭し、教えていくということは、長期的には必ず実を結ぶはずです。これは教師だけではなく、家庭における教育でも同じことです。間違いを放置せず、茶化さず、何度でも真摯に教えていくということこそ、教育に必要な態度なのです。

教師の取るべき態度とは

比喩の理解については低学年児童が難しく感じるのはもちろんのこと、最近では外国人児童も増加しており、こうした子どもたちにとっても難解です【1】。また、特別支援児童の中でも広汎性発達障害（社会性やコミュニケーション能力の獲得における発達障害）の子どもたちは特に比喩が理解しにくいということが知られています【2】。

そして、大切なことはどんな児童にとっても、ふざけて言ったのではなく、本当に比喩をそのままの意味で取ってしまったとすれば、それを「ふざけてるの？」と言われることは大変にショックだということです。もちろん、教師や周囲の子どもが茶化して笑うのも、状況にもよりますが、本人は少なからず傷つくかもしれません。

つまり、教師が取るべき態度とは、いつも真摯に「そういう意味じゃないんだよ」と諭し、その都度、説明することだということになります。変化球は必要ないのです。この事例にも当てはまりますが、筆者は教育において「そんなこともわからないのか」というのは一番の禁句だと思っています。わからないからこそ教育をおこなう意義があるはずだからです。

【1】河原俊昭・山本忠行・野山広（編）2010『日本語が話せないお友だちを迎えて―国際化する教育現場からのQ&A』くろしお出版

【2】別府哲2001「自閉症と広汎性発達障害」西村辨作（編）『入門コース　ことばの発達と障害②ことばの障害入門』大修館書店、pp. 31-52。杉山登志郎2007『発達障害の子どもたち』講談社現代新書もお勧めです。

5 教師の発話の特徴

言い切り文による命令・指示

《2年算数》
教　師　：では、三角定規を出してください。
子どもたち：(しゃべっていて、なかなか定規を出さない)
教　師　：早く出しましょう。
子どもたち：(やはり遅い)
教　師　：早く出して！　前を向く！　よそ見しません！
子どもたち：(ようやく注目)

多様な命令・指示表現

教室においては、教師は子どもたちへの指示をする場面が非常に多くあります。日本語では、多様な命令・指示の表現があります。命令文というと、真っ先に「～しろ」や「～するな」、もしくは「～しなさい」などが思い浮かびますが、教室ではそこまで強い命令表現はあまり使われません。10の授業での教師の発話を調べてみたところ、教師の個性によってばらつきはありますが、「～しろ」「～するな」「～なさい」は命令・指示の表現のうち約3・6％と、ほとんど使われていませんでした。

命令・指示の表現としてよく使われていたのは、「〜してください」「〜しましょう」「〜して」の3種類で、この三つで命令・指示表現全体の71・3%を占めていました。この会話場面でも、「(三角定規を)出してください」「出しましょう」「出して！」と順番にこの3種類を使っています。

そして、この会話場面でもう一つ注目して欲しいのが、「前を向く！」という言い切り文です。これは「前を向いてください」という命令・指示の表現として使われています。同じく「よそ見しません！」も、否定の言い切り文ですが、これも「よそ見してはいけません」という命令・指示の表現として使われています。この言い切り文は命令・指示表現全体の17・5%を占めており、少なくない割合で使われていると言えます。

言い切り文による命令・指示

日本語文法の研究でも、言い切り文が命令・指示として使われるということは指摘されています【1】。ただ、こうした言い切り文による命令・指示の表現は、先生や親が子どもに対して注意するときに使われるということが多いという印象があるのではないでしょうか。このことは、逆に子どもが先生に対して言う場合は、「早く授業を始める！」と言いにくいことからもわかると思います。もちろん、子どもから目上である先生に対しては、そもそも命令・指示の表現自体が使いにくいということはあるのですが。

また、先ほど挙げた日本語文法の研究では、「これらの形式は終助詞(「〜ね」や「〜よ」)を付加したり、丁寧形になることはない」と説明されています。しかし、上記場面の「よそ見しません！」は丁寧形ですし、「はい、じゃあ、前を向きますよ」というのも、教室における指示と考えれば使えそうです。

これらのことからわかるように、命令・指示の表現が多様であるということは、日本語自体の特徴なのですが、とりわけ言い切り文による命令・指示は、教師や親からの命令・指示に特有の表現だということです。

なぜ言い切り文を命令・指示として使うのか

実は教室でのコミュニケーションにおいて、命令・指示表現として言い切り文をなぜ使うのかということの答えは実はまだわかっていません。一つヒントになるのは、教師が子どもに話しかけるときに、一人称として「先生」を使うという用法です【2】。教師が一人称として「私は」と言わずに「先生は」というのは、子どもの視点に寄り添った表現をしている、いわば歩み寄り話法とでもいうような効果を求めていると言えます。

言い切り文による命令・指示も、要は「指示を受けた子どもがどう行動するべきか」について述べているわけですので、子どもの視点で「〜します」という子どもの行動を語っているという考え方です。このことは、教室でのコミュニケーションにおける教師の発話の特殊性全般を説明する原理になり得る可能性があります。例えば、授業において子どもの視点に寄り添うということは、無意識的にかもしれませんが、対立型のコミュニケーションではなく同化型のコミュニケーションを志向しているとも言えます。とりわけ低学年の児童を対象とする場合はその傾向が強く、これは幼児期における家庭内コミュニケーションや、保育園や幼稚園における園内コミュニケーションにも見られます。しかし、まだまだわかっていないことも多く、研究が必要な分野です。

どれか一つに統一すべき?

最後に確認しておきたいことは、言い切り文を含めた多様な命令・指示表現を無理にどれか一つの表現に統一して使おうということを勧めているわけではないということです。もちろん、どれか一つに統一した方が、理解するのに負担が少ないということはあるかもしれません。しかし、命令・指示の表現が多様であるということは、日本語における事実でもあるわけですので、それに対応できるようになる必要もあります。

ただ、教師がこうした自身の発話の特徴について知っておくということは必要だと思います。特に低学年の児童の場合、命令・指示の表現に限りませんが、同じ意図を伝えるのに何種類もの言い方をされては混乱するかもしれません。そんなとき、教師は子どもの表情や様子を確認し、わかっていなさそうなときには、別の言い方で言い直すということが必要です。そして、こういう配慮は、文法的な話を持ち出さずとも、多くの教師が自然にやっていることでもあるのです。

【1】日本語記述文法研究会（編）2003「行為要求のモダリティ」『現代日本語文法4』くろしお出版、pp. 66-82

【2】吉田裕久 1990「学校における先生・子供の呼称」『日本語学』9-9、明治書院、pp. 25-31

コラム３　日本語の様々なバリエーション

日本語に限らずどの言語においても、同じことを言うのに複数の言い方があるのが普通です。「同じことを言うための違った言い方」のことを「バリエーション」と言います【1】。日本語では、「言葉のゆれ」と言われることもあり、バラエティと呼ばれることもあります【2】。

言語のバリエーションは大きく二つに分けることができます。一つは「話し手がどのような属性を持つ人なのか」を基準としたバリエーション。もう一つは「どのような場において使うのか」を基準としたバリエーションです。

話し手の属性によるバリエーションには、性差、年齢差、地方差、職業差など様々な基準があります。性差については男言葉や女言葉、年齢差は若者言葉とおじさん言葉（？）ということになりますし、地方差によるバリエーションについては、方言としてよく親しまれています。職業差については、まだまだ研究が進んでいない分野ですが、ある職業に特有な業界用語や隠語（例えば、「患者」のことを「クランケ」、「お会計」のことを「おあいそ」など）はジャーゴンと呼ばれます。また、「あの人っていいキャラしてるよね」などのように、個人としての属性であるキャラクタという概念もあります【3】。

どのような場において使うのかというバリエーションについては、スタイル（スピーチスタイル）と呼ばれます。スタイルの最もわかりやすい例としては、丁寧体（～です／～ます）と普通体（～だ）の使い分けのように、話す相手に応じて切り替える場合です。一方で、スタイルは話す相手だけではなく、場面や周りの第三者に応じても切り替えられる場合があります。例えば、家族で経営している会社で、父が社長で息子が社員である場合、息子が「会社では社長と呼ぶように」と言われるというのもスタイルの切り替えです。ちなみに、スタイルは切り替えられるものですが、キャラクタは切り替えると「二重人格」や「八方美人」と非難される種類のものです。

教師の口ぐせや発話特徴は、教師全般に共通する「教師らしさ」であれば属性によるものでもあり、「教室ではこう話そう」と思って切り替えているのであればスタイルということになります。前者は無意識的、後者は意識的なバリエーションと言ってもいいでしょう。

【1】渋谷勝己2005「バリエーション」日本語教育学会(編)『新版日本語教育事典』大修館書店、pp. 465-466
【2】上野智子・定延利之・佐藤和之・野田春美(編) 2005『ケーススタディ 日本語のバラエティ』おうふう
【3】定延利之2012「キャラクタの悩みあれこれ」定延利之(編著) 森篤嗣・茂木俊伸・金田純平(著)『私たちの日本語』朝倉書店、pp. 121-129

6 誤解を招きやすいコトバ

教師の指示と意図

発問するときは疑問形で

《3年国語》

教　師：（黒板に貼られた写真を指し示しながら）こっちだと思う人はグー、こっちだと思う人はパー。

教　師：はい、せーの、はい。

子どもたち：（ほとんどの子どもが挙手しているが、ついていけず手を挙げていない子どももいる）

教　師：（子どもたちの手を挙げている様子を眺めて）パーが多いね。ん？　そこ！　タカハラくん！　どうして手を挙げてないの!?

タカハラくん：え、あ……。

教　師：ちゃんと手を挙げないとダメじゃないか！

タカハラくん：すみません……。

教師の指示と意図

冒頭の「こっちだと思う人はグー、こっちだと思う人はパー」ですが、このように板書や資料を指さして、「こっちだと思う人？」のような指示はよくするのではないでしょうか。敢えてここでの教師の意図に合うように文を補うと、「こっちだと思う人はグーの形で手を挙げてください。また、こっちだと思う人はパーの方で手を挙げてください」となるでしょう。このように丁寧に発話すれば、子どもたちも「何をすべきか」明確にわかるでしょう。

もちろん、こうした指示に慣れていて、かつ、よく先生の動きを見ていれば、十分にわかると思います。しかしながら、この会話場面ではまだ指さしながら発問をしているだけいいのですが、特に指さずに発問をしていることもあると思います。また、児童が転校生だったり、もしくは臨時で授業に入った教師だったりというように、教師と児童が十分に慣れていない場合もあるでしょう。そして、さらに言えば、ノートを取るのに一生懸命で、教師の動作を見ていなかったという児童もいるかもしれません。つまり、冒頭の「こっちだと思う人はグー、こっちだと思う人はパー」は、こうした数々の条件をくぐり抜けた上で「何とか成立している指示」と言えます。

教室での「決まりごと」と暗黙の了解

次に、「はい、せーの、はい」もなんてことはないと思われるかもしれませんが、考えてみると教室でのコミュニケーションでしかお目にかかれない特殊な表現であると言えます。特に肯定というわけではなく、話題の切り替えとも言える「はい」や、行動を「はい、どうぞ！」と指示する「はい」は教育現場特有です（参照第１部❶項）。

さて、ここでは特に「せーの」に焦点を当ててみましょう。フジテレビの番組「笑っていいとも」で観客が盛り上がったあと、「チャン、チャンチャンチャン」という手拍子で締めるという「決まりごと」があります。教室でのコミュニケーションにおける「せーの」も言わばこれに似た「決まりごと」だと言えます。しかし、タモリのように長い年月をかけ定着させ、なおかつ楽しんでやっているのに比べると、教室でのコミュニケーションでの「決まりごと」は割に短い期間で、暗黙の了解のもとに決定されているのではないでしょうか。この「はい、せーの、はい」も特に低学年では、「はい、それではいまからグーかパーかどちらかの形で手を挙げてください。せーの、はい、手を挙げて！」ぐらいの徹底した指示の明示化と教師の配慮があってもいいのかなと思います。

さて、このようにして子どもたちは手を挙げるわけですが、このときにグーでもパーでもなく、普通の挙手をしている子どもがいれば、タカハラくんのように、ついていけなくて手を挙げられない子どももいるかもしれません。ここでは教師がタカハラくんに「ちゃんと手を挙げないとダメじゃないか！」と叱責していますが、これは本当にタカハラくんのせいなのでしょうか。もちろん、教師だからといって、いつも完璧に配慮の行き届いた指示ができるはずもありません。だからこそ、怒る前に少し立ち止まって考えてみること、そしてむしろ「先生の言い方がわかりにくかったかな？」と優しく声をかけられる教師であって欲しいと思います。

発問するときと感心するときの違い

また、怒る前のところで、この教師は「パーが多いね」とつぶやいています。ここも敢えて補えば、「パーの形で手を挙げている人が多いね」となるはずですが、冒頭の「こっちだと思う人はグー、こっちだと思う人はパー」とは違い、「パーが多いね」ではこうした補いはおそらくしなくて構いません。なぜでしょうか。それはもちろん、子どもたちへの指示ではないからです。発問や指示は、子どもたちの「次の行動」を促す言語行為です。教室でのコミュニケーションにおいて教師の発問や指示に最も強く求められるのは、「子どもたちが次に何をすればよいかが明確である」ということです。その意味では、「パーが多いね」は感心する場面ですので、詳細な補いよりも、とにかく本心から「なるほど」と感心する態度を示すことの方が重要でしょう。

従来でも、発問において「子どもたちが次に何をすればよいかが明確である」ということを目指すことは当たり前のように言われてきました。その方策として、「できるだけ具体的な指示をする」などが代表的なものとして挙げられます。「具体が重要」、これはもちろんそうです。しかし、こうした発問の内容に関する配慮はもちろんのこと、それに加えてコトバの形にも注目した明確な指示を意識する方略も大切なのです。

7 教師の指示の一貫性

「今度」か「次」か

《3年社会》

教　師　：では、今日はここまで。今度の時間は今日描いた地図に色を塗っていきましょう。

ミヤザワくん：え？　先生、この間、地図を描いたら写真を撮りに行くって言ってなかった？

教　師　：あ、そうだったね。

ミヤザワくん：じゃ、写真行く？

教　師　：いや、それは次。

ミヤザワくん：次ってことは今度？

教　師　：いや、次は色塗り。

ミヤザワくん：さっき、色塗りは今度って言ったじゃん。

教　師　：あ、そうだっけ。えーと……。

「今度」と「次」はどっちが先？

「今度」というのは、一番近い未来を表し、「次」は基準点から見た直後を示します。特に「その」や「会議が終わった後の」などのような基準点を示さない場合、「次」の基準点は現在になるのが一般的でしょうから、つまるところ「今度」も「次」も同じ意味になり、どちらが先でどちらが後かとは一概に言えないということになります。

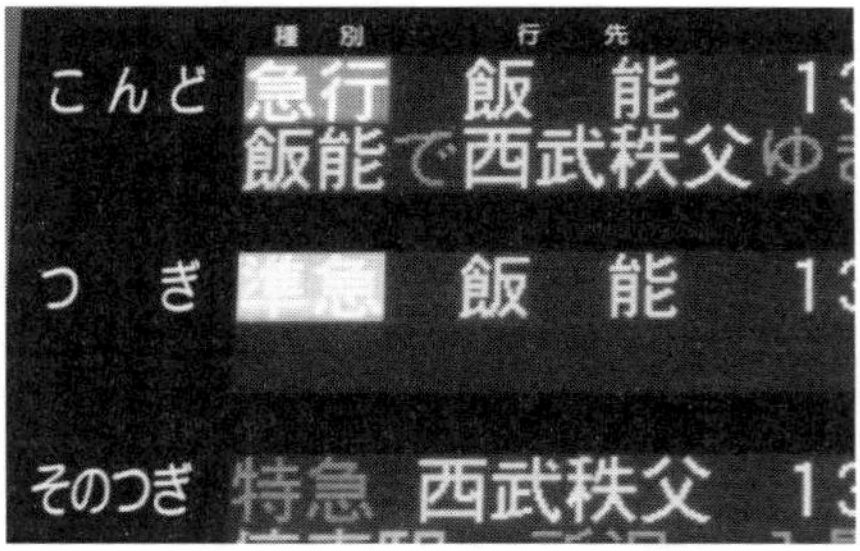

首都圏在住者以外にはなじみが薄いかもしれませんが、西武池袋線では、列車の発車予告版に「こんど」「つぎ」「そのつぎ」と記されています(上の写真参照)。また、西武線のほかの駅では、さらに「そのあと」と表示されている予告版もあるようです。これによると、「こんど」が最も近い列車を表しており、そして「つぎ」ということになります。そして、「そのつぎ」の「その」は「つぎ」を基準点にしており、「そのあと」の「その」は「そのつぎ」を基準点としているのでしょう。……ややこしくてわけがわからなくなります。

「今度」と「次」の出現頻度と使われ方

授業では子どもたちの行動を指示しなければいけないので、「今度」や「次」といった表現は当然のことながら頻出します。50の授業を文字化したデータを調べてみると、「今度(こんど)」が99回、「次(つぎ)」が187回出現していました。

細かい考察は省きますが、「今度」は「今度は大きな声で言ってみようか?」のように、「もう一度」の意味で使われることが多いようで、「次」は「はい、次!」のように、短い指示で発表順を示したり、新たな項目に進むときに使われたりすることが多いようです。ここで挙げた例に限って言えば、「今度」

を「次」に置き換えて「次は大きな声で言ってみようか？」は言えますが、「次」を「今度」に置き換えて「はい、今度！」とは言えませんので、「次」の方がカバーする範囲が広く、多く使われているのは納得できます。

行動の順序を示す

子どもたちに行動の順序を示すことは教師にとって、とても大事な仕事です。この会話場面では、そもそも「あ、そうだったね」のように前に指示したことを忘れているという重大な過失がありますが、それを差し引いたとしても、不用意なコトバの使い方で混乱を招いていることは明らかです。

先にも示したように、少なくとも順序や予定を示す場合は基本的に「次」を使い、「今度」はあまり不用意に使わないように気をつける方がよいでしょう。しかし、「今度」と言ったらいけないなどという規制はナンセンスですし、そもそも「次」と「今度」だけの問題ならこんなに目くじらを立てる必要はありません。この会話例でも曜日や日付をはっきり言えば、「今度」でも「次」でも混乱を招いたりすることはないはずです。

自らのコトバの使い方をモニターする

むやみなコトバの規制は、コトバの使い方をぎくしゃくさせるだけで、あまり効果がありません。しかし、不用意にコトバを使うことも、教師としては避けなければなりません。「今度」と「次」はあくまで一例で、要は自分のコトバの使い方を意識する機会、すなわちモニターする機会が持てるかどうかということが大切なのです。

8 教師の応答

理由ではなく非難の「だから」

《２年算数》
（教師が個別にプリントを丸付けしながら回っている）
イグチさん：先生、先生。プリント終わりました。
教　師　：ああ、はいはい。ちょっと待ってくださいね。
ヌマタさん：先生、私も終わりました。
教　師　：あ、そう。ちょ、ちょっと待ってくださいね。
イグチさん：先生、まーだー？
教　師　：だーかーらっ！、ちょっと待ちなさいって言ってるでしょ！
子どもたち：……。

理由を述べる「だから」

子どもたちが意見を述べる上で、理由が言えるようになることは極めて大切です。理由を述べる表現には、「～なので」や「～だから」という複文や、「～です。だから～」や「～です。そのため～」のような接続詞があります。どれを使っても理由を述べるという目的は果たせますが、低学年では、「〜です。だから〜」が使いやすいため、この表現を中心に指導するのが望ましいでしょう。

なぜなら、「〜なので」や「〜だから」を使うときは、「今日は雨なので、マラソンは中止です」のように複文になります。論理的ではありますが、先に理由を考えた上で話し始める必要があり、理由と帰結を一体化して考えてから使わなければなりません。そのため、低学年の子どもたちにとっては難しめです。とりあえず一つの文として理由を言い切って、そのあとに帰結として「だから」と続ける方が、テンポよく、気楽に話せます。

また、理由を述べたとき、帰結を言わなかった子どもに対して、教師が「うん、だからどうすればいいかな？」と促すときにも使えます。このように、理由を述べる「〜です。だから〜」は、子どもたちが使う場合も、そして教師が応答するときに理由と帰結の関係を考えさせる場合にも有効です。

相手を非難する「だから」

ただし、「だから」には落とし穴があります。「だから」を使用する上での注意として、「だから」には、相手を非難するような用法があることを覚えておくべきです。

Ａ１：みんな頑張っているでしょ。そう思いませんか？
Ｂ１：だから、何だって言うの？
Ａ２：そんなことを言わずにもう少し頑張りましょうよ。
Ｂ２：だから、もううんざりなんだ。

このような用法は非常に相手に悪印象です。相手の質問や励ましに対して、「だから（特に「だ〜か〜ら〜！」という音調）」で話し始めると、相手を非難するような用法に取られやすいのです。さらには、Ｂ１では「だから？」と疑問調にすると相手を馬鹿にするような印象にもなります。

子どもたちが言い訳するときに、「だって」で言い始めるのにカチンときたことがあるかと思います。いわゆる「口答え」というやつですね。この「だって」は、非難の「だから」に似ています。子どもたちに対して、また相手の発言に対して「『だから』や『だって』で応答するのはよくありませんよ」ということをおさえておくことは大切です。

そして、子どもたちに注意する以上は、教師も非難の「だから」を使わないようにすることが必要でしょう。子どもたちの話を聞くことが教師の役割なのですから、教師の応答として非難の「だから」は避けたいところです。

まずは受け止める

ここまで「だから」について注意を促してきましたが、「だから」という言語形式があるから悪い印象を与えるというわけではありません。例えば、「できましたか?」に対して、「だから、まだだって」は悪印象です。かといって「だから」を使わずに「まだだって言ってるでしょ」にしたら印象がよくなるというわけではありません。実際のところは相手の質問や励ましに対して素直に受け止めないというところが本質なのです。

したがって、まずは「うん、確かにそうですね」や「ありがとうございます」など、相手の質問や励ましを受け止めるということを心がけるしかありません。多くの先生方は、子どもたちにもきっとそのような指導をされていることでしょう。その指導のとおり、先生も「まずは受け止める」ということを念頭に置いた応答を心がけていくことが、よりよいコミュニケーションを作っていくためのポイントです。

9 教師の注意の仕方

反語を使うと感じが悪い

《3年理科》
（クラスで静かにプリントに取り組んでいる）
トマリくん：先生、答えがわからなかったらどうするの？
教　師　：もう、なんで勝手にしゃべるんですか。
トマリくん：えー、だって。
教　師　：なにかあるときは手を挙げて言ってくださいといつも言っています。
トマリくん：でも、わからない……。
教　師　：決まりは決まりです。
トマリくん：……。

反語はどこで使われる？

この会話場面で「なんで勝手にしゃべるんですか」という注意は反語です。反語とは修辞法の一種で、話し手の判断について、肯否を逆にして疑問の形で述べることです。この場合、「なんで勝手にしゃべるんですか＝しゃべってはいけません」ということになります。古典や漢文ではおなじみですね。

さて、この種の反語による注意というのは、教室では非常によく使われます。しかしよく考えてみると、教室以外の場面で反語を使って人に注意したり、苦情や文句を言ったりすることはあまりありません。相手に話しかけられて、「どうして私に言うんですか」と答えるのは、かなり強い否定が感じられます。つまり、教室で注意をするときに反語が使われるのは、教師と子どもというかなり強い上下関係があるからなのです。その意味では反語は非常に押しつけがましい感じがしますし、感じがよくありません。

反語を使わせる必要はあるか

しかも、問題はそれだけにとどまりません。実は反語はかなり高度な修辞法ですので、子どもたちが理解できるとは限りません。反語を字義どおり受け取ると、会話がかみ合いません。教師が「早くしなさい」というような意図で、低学年の子どもたちに「いったい何をしてるんですか！」と言ったところ、「砂遊びをしています」と答えたなんていうエピソードはざらにあります。ここで教師の気が抜けて笑ってしまうのなら微笑ましいところですが、さらに怒りの火に油を注ぐ結果になっては目も当てられません。

先ほども述べたとおり、現代社会において、教室以外の場面では反語を使う機会は少なくなっています。つまり、それだけ聞く機会が少なくなっており、さらに言えば子どもたちが使う機会はさらに少ないというのが現状です。修辞法を教えるのは国語科の役目だ、と考えることもできますが、そもそも社会であまり使われなくなりつつある反語を理解すること、さらに言えば「感じの悪い」反語を使用できるようにすることが国語科の役目だ、と言うのは筋が違うのではないでしょうか。

もちろん、古典や漢文、俳句などについて言えば反語は国語科の学習項目として価値があるでしょう。

しかし、理解ではなく使用という点で考えると、反語を積極的に子どもたちが使う必要は感じられません。つまり、使用という点に限って言えば、反語を積極的に撲滅せよとまではいかなくとも、無理に使わせる必要はないのです。その意味では、教師も誤解を招かないよう、反語の使用は避けるべきです。

ルールの浸透化

　この会話場面ではもう一つ「何かあるときは手を挙げて言ってくださいといつも言っています」という教室でのルールに言及している部分があります。ルールを守ることは大切ですが、この「いつも～と言っています」という表現も、もし、子どもたちに明文化したルールが浸透してなかったとすれば、「そんなこと言ってなかったよねえ」と子どもたちの反発を招いてしまいます。ルールの浸透化を図るために、ルールはシンプルに少なくすることが大切です。「あれもこれも」は難しいので、そのクラスを特徴付ける教師のこだわりの中から、いくつかのみをシンプルにルールとして定めるべきです。

　そして、ルールが守られなかったときも「いつも～と言っています」という言い方ばかりではなく、「ルールは何だった？」と自分たちで思い出させるような声かけもしてみましょう。何度も繰り返すうちに、ルールを答える前に動作に移すようになってくるでしょう。「何かあるときは手を挙げる」だったら、勝手にしゃべり始めた子どもに、「あれ？　ルールは？」と声をかけると、急に口をつぐみ、さっと手を挙げるという感じです。

　最後の「決まりは決まりです」というのも、一理あります。しかし、教師と子どものコミュニケーションは、人対人のコミュニケーションです。「決まり」で片付けてしまうのは機械やコンピュータの得意技です。人間は幅広い判断ができる、理由を考えることができるというのが得意分野ですから、何でも二元論で切ってしまうのではなく、臨機応変な対応をしていきたいところです（参照第3部❸項）。

10

教師の発話する権利

「まあ〜ですね」の不遜さ

《3年国語》

教　師　：はい。では、主人公のこのときの気持ちについて意見をどうぞ。

サトウさん：はい。悲しかったと思います。

教　師　：うん、まあ、そうかな。

ヒョウゴさん：はい。みじめだったんじゃないかなと思います。

教　師　：まあ、そういう見方もあるねえ。ほかは？

イビくん　：はい。泣きたくなったと思います。

教　師　：まあ、サトウさんと似てるね。ここは実は「つらかった」という気持ちだったんじゃないかと思うんですね。先生は。

発話する権利

私たちの日常会話では、「まあ」や「えーと」などフィラーと呼ばれる間投詞をよく使います（参照コラム⑥）。また、「～ですね」や「～ですな」といった終助詞もよく使います。そしてこれらの間投詞や終助詞、とくに「まあ～ですね」という組み合わせは、どういう人が使っていいのかという「発話する権利」が決まっているのです【1】。

例を挙げて考えてみましょう。ある商品の開発チームがあったとします。そのリーダーの人に「商品の開発で苦労した点を教えてください」と聞いたとき、そのリーダーが「そうですね。まあ、最後の実用化の詰めが特に大変でしたね」と語ったとしても、私たちは違和感がありません。ところが、このチームの最も下っ端の人が同じ状況で「そうですね。まあ、最後の実用化の詰めが特に大変でしたね」と語ると、思わず「何を偉そうに」と感じるのではないでしょうか。「まあ～ですね」を発話する権利を持つのは、リーダーのようなチームの中心的役割を担う責任者であり、下っ端ではないのです。

教師は「まあ～ですね」を発話する権利を持つのか

今度は商品の開発チームではなく、教室で考えてみましょう。教室において教師はリーダーのようなチームの中心的役割を担う責任者でしょうか。これはそうであるとも言えますし、そうでないとも言えます。もちろん、教師は教室において責任者であることは間違いありません。しかし、そのことを「あからさまに」前面に押し出すと、子どもたちは白けてしまわないでしょうか。一般的に、「教師は子どもの目線に立つべき」と言われるように、教師は前面に出ず、むしろ子どもを中心とした指導が好ましいということはよく言われます。このような考え方からすると、教師の責任者としての側面を「あからさまに」示さない方が望ましいと言えます。

ところで、開発チームの下っ端が「そうですね。まあ、最後の実用化の詰めが特に大変でしたね」と語ると、なぜ「何を偉そうに」と感じるのでしょうか。それは、客観的に見ると開発において重要な役割を果たしていない人物が、さも自分が責任のある立場を果たしたのだということを主張したいように聞き手の目に映るからです。

　このように考えると、教師は「まあ～ですね」を発話する権利を持つのですが、その権利を「あからさまに」振りかざすことは不遜であるという結論が得られそうです。

「まあ～ですね」が不遜に聞こえるのは

　この会話場面でも教師の反応は少し偉そうであまりいい印象ではないと思われます。子どもたちの発言が、教師の期待するものではなかったという評価を下しながら聞いているという印象があります。そして、最後に教師が自分の意見を語るわけで、この展開だと「なんだ、正解が決まっているなら早く言ってよ」と子どもたちが思ってしまうのも致し方ないかもしれません。

　教師が「まあ～ですね」と言ってはいけないということではありません。例えば、この会話場面のように教師から問いかけるのではなく、子どもたちから質問が出た場合に、それに対して「まあ、それは○○○ということですね」のように解説するのであれば違和感はないでしょう。それは教師が責任者としての立場から知識を解説するからです。

　しかし、この会話場面のように、子どもたちに様々な意見を出させる場合は、教師が「まあ～ですね」を使って、責任者然とした態度を「あからさまに」前面に押し出すのは避けた方が無難です。「聞かれたからせっかく発言したのに……」という印象は子どもたちにも残るでしょう。つまり、意見を求めたことに対する反応に「まあ～ですね」と答えることは、子どもたちの目にも不遜に映るのです。

【1】定延利之2012「かっこいい～はずかしいしゃべり方」定延利之(編著)森篤嗣・茂木俊伸・金田純平(著)『私たちの日本語』朝倉書店、pp. 121-129

コラム 4　教えた語だけ使って教える方法

小学校では、教科としての国語を教えることを「国語科教育」、学校教育全体でコミュニケーションの指導をすることを「国語教育」と呼ぶのが一般的です。これに対し、外国人に対して日本語を教えることを「日本語教育」と呼んで区別することがあります。昨今では、小学校に外国人児童や、日本国籍でも家庭内言語が日本語ではない児童が入学してきますので、学校教育と日本語教育は身近になってきたと言えます。

ここでは、日本語教師の「語彙コントロール」について取り上げたいと思います。日本国内において日本語教育をする場合、媒介語（学習者の母語）を使わずに、日本語だけで日本語を教える（「直接法」と言います）のが一般的です。「日本語がわからない外国人に日本語を教えるのに、どうして日本語だけで教えられるのか」と思われるかもしれません。このとき、必要になるのが語彙コントロールや、文法コントロールというワザです。学習段階のごく初期にはジェスチャーやイラストなどを駆使し、そのあとは、教えた語や文法以外は一切使わずに授業をするのです。学習者に指示をするときも、問いかけるときも、答えるときも、教えた語や文法しか使いません。非常に窮屈な感じがするかもしれませんが、直接法では当たり前のワザとして求められます。

もちろん、日本語母語話者と日本語非母語話者（外国人）では、いろいろな点で違って当たり前ですが、もし、小学校1年生に対して、「1年生が知っている語と文法以外は使わずに授業をしなさい」と言われるとかなり難しいと感じるのではないでしょうか。そもそも、現在の小学校教育には、漢字の学年別配当表はありますが、語彙や文法の学年別配当表はありません。したがって、1年生で習う語彙や文法という概念がありません。

文法に関して言えば、高学年から中学校にかけて習う学校文法はあくまで知識の整理のためであり、日本語母語話者として文法を使うという点では、少なくとも話し言葉では小学校入学時までにすでに相当身についていると言えます。しかし、語彙については学年別配当表とまではいかなくとも、「この学年で知っておいて欲しい語」のようなものは検討する必要があります。もちろん、語彙表についてはすでに様々な取り組みがありますが、外国人児童が珍しくなくなりつつある現在、もう一度、国語科教育として語彙教育について考えていく必要があります。その上で、語彙コントロールとまではいかなくとも、教師が自身のコミュニケーションをモニターしつつ、子どもたちにわかるコトバで授業をしていく必要があります。

11 評価や価値を表すコトバ

教師の反応と評価

引用で使う「なるほど」

《3年国語》

教　師：今日は「伝え合う」ってことについて考えてみたいと思います。まず、相手に「伝える」にはどういう方法がありますか？

イカワくん：はい。

教　師：じゃ、イカワくん。

イカワくん：はい。言葉で伝えます。

教　師：どうやって？

イカワくん：えーと。面と向かって。直接。

教　師：なるほどね。ほかには？

ミヤザワくん：はい。

教　師：はい、ミヤザワくん。

ミヤザワくん：電話で伝えます。

教　師：電話で伝える、なるほど。じゃあ、面と向かって伝えるのと、電話で伝えるのではどういう違いがあるかな？

ミヤザワくん：えーと、電話だと表情が見えない。

教　師：うん、そうですね。

ミヤザワくん：だから、電話では黙っていると、相手がぼーっとしているのか、怒っているかわかりません。

教　師：確かにそのとおりですね。電話だと沈黙が恐いってことかな。なるほど。ミヤザワくんの意見に「なるほど」って思った人？

子どもたち：（多数挙手）

教　師：おお、いっぱいいますね。

受け答えとしての「なるほど」

子どもの意見に対して、「なるほど」と受け答えをする先生は多いかと思います。50の授業を文字化したデータを調べてみると、「なるほど」の出現回数は121回で、平均すると1授業に2・4回でした。そのほとんどは、子どもの意見に対する受け答えの「なるほど」です。

「なるほど」は相手の意見や主張がそのとおりであると納得する気持ちを表します。子どもの意見に感心した場合は、「ほお、なるほど」のように、感動詞と一緒に使われることが多いでしょう。子どもの意見に感心し、納得する場合の「なるほど」は言われた子どもも悪い気はしません。先生を感心させるほどいいことを言った、という解釈となれば、ほめられたのと同然です。「なるほど」は高評価として受け取られます。

一方で、「なるほど」には納得よりももう少し軽い気持ちで、相手に対する同意を示す用法もあります。例えば、営業に来た社員が、取引先の社長に対して商品の説明をするとき、社長が「ふむ、なるほど」のように反応する場合です。ただし、こうした相づちとしての「なるほど」は、尊大に受け取られることも多く、目上から目下には使えても、目下から目上には使えません。もちろん、感心したように、「なるほど！　さすが社長！」と言えば使えるかもしれませんが、尊大に相づちを打っているように見えるか、それとも感心を示しているように見えるかは紙一重です。

教師から子どもたちに対する「なるほど」も、感心を示しているのであればいいのですが、単なる相づちになってしまうと感じがいいとは言い難いところです。

一人語りの「なるほど」

「なるほど」は相手に対する反応や受け答えだけではなく、一人語りでも使えます。他から入ってきた知識と、自分の持っていた知識を照らし合わせた上で、自分の知識が正しいことを再認識したり、疑念を持っていたことに解答が与えられて納得したりする用法です。例えば、神戸で一人旅をしていて、「なるほど、百万ドルの夜景とはよく言ったものだ」と独り言でもつぶやくことができます。噂に聞いていたというレベルの知識を、改めて自分の目で見て再確認するといった場合です。

このような一人語りの「なるほど」は、教室でのコミュニケーションではどのように現れるのでしょうか。もちろん、完全な独り言を授業中に言うということはあり得ません。しかし、子どもの意見を聞き、その子どもの意見を引用する形で述べたあとに「なるほど」で締めくくるという言い方はよく見られます。例えば、この会話場面の中ほどの「電話で伝える、なるほど」のような形です。こうした言い方は子どもの意見の評価になるという点では、反応の「なるほど」の一種ではあるのですが、どの意見に対して「なるほど」と評価したのかが明確にわかる形になっているので、その効果はより高いと言えます。

さらに言い換えて「なるほど」

子どもの意見を引用しての「なるほど」は、どの部分を評価したかが明確にわかるという点で効果的だと述べましたが、さらにもう一歩進んで、教師が子どもの発言を受け取り、その上で他の子どもたちにもわかりやすいように言い換えてから、「なるほど」で締めくくるという方法もあります。

この会話場面で言うと、ミヤザワくんの「電話では黙っていると、相手がぼーっとしているのか、怒っているかわかりません」という意見を受け、教師は「確かにそのとおりですね。電話だと沈黙が恐いってことかな」と言い換えた上で「なるほど」で締めくくっています。ここでは、ミヤザワくんの発言に対し、「ということは、どういうことかな?」のように、さらに理由を聞いてみてもいいのですが、すでにこの意見をめぐってミヤザワくんとはやり取りが二往復目ですので、その理由を示す形で教師が言い換えて他の子どもたちに示し、なおかつミヤザワくんの発言を評価しています。

こうした流れは、授業をしている教師自身にしても、ほぼ無意識的にしているようなやりとりでしょうし、授業を見学していても見過ごしてしまうようなものかもしれません。しかし、この言い換えによる「なるほど」は、見ようによっては、教師の優れたコトバであり、ワザであると見ることができるのです。

12

教師の威厳と虚構

取り繕う「やはり／やっぱり」

《3年算数》

教　師：じゃあもう1問やってみよう。ケーキを箱に入れます。ケーキは28個あります。箱には、ケーキが5個入ります。全部のケーキを入れるには、何個の箱が要るでしょうか。

子どもたち：（挙手）

教　師：ええと、ナカジマくん。

ナカジマくん：はい。「28÷5」で「5余り3」です。

ヨシダさん：え？「6余り3」じゃないの？

ナカジマくん：ちがうよ。

教　師：ああ、やっぱりそうなると思いました。この記号（「＝」）は何というんでしたっけ？

ヨシダさん：等号。

教　師：そう。これは左と右が同じという意味でしょ。そうしたら、「6余り3」だったらやっぱりおかしくなるよね。

ヨシダさん：うーん、そうか。でも……。

予期や順当さを表す「やはり／やっぱり」

話し言葉では「やっぱり」、書き言葉では「やはり」という形で表れます。古くは「動かさないでそのままにしている」という意味でしたが、近世頃に「状況が変化していない」という意味を表すようになりました。現代ではこれらの意味から派生して、「予期したとおりである」や「順当である」という意味で使われます。
教　師：でも？
ヨシダさん：箱の数は6個。
教　師：うん、そう。箱の数は6箱です。ところが、ついやってしまうミスがあります。
ヨシダさん：あ、そうか。式では「5余り3」だけど、答えは6箱。
教　師：そうですね。答えを考えてから、計算式を見直して、「やっぱり答えと計算式を同じにしないと」と思ってね、わざわざ間違いに書き直してしまうわけ。

人にもよりますが、教師は「やはり／やっぱり」を使う人は多いと思われます。なぜ、「やはり／やっぱり」を使うのかというと、教師は授業の進行を司る立場にあり、さらには子どもたちに対して教師自身は答えを知っている問いかけをするという立場にあるからです（参照第3部❹項）。つまり、常に子どもたちの行動や発言を予測して振る舞うことが求められているのです。「やはり／やっぱり」を使うことで、教師は子どもたちの反応が予期したとおりのものであり、予測に対して順当であるということをアピールすることになるわけです。

取り繕う「やはり／やっぱり」

ただ、ここで気をつけたいのは、「やはり／やっぱり」はあくまで「予期したとおりだ」とか「順当だ」ということが事実でなかったとしても言うことは可能なので、ある種のはったりとして使うこともできるということです。少し前に「想定の範囲内です」という表現が流行ったことがありましたが、これも想定の範囲内であるということが事実であろうがなかろうが、ある種のはったりとして言い放つことができる便利な表現なのです。しかし、その物言いにイラっとした人も少なくないはずです。さも、「わかっている」という風情が鼻につくのでしょう。

教師とはいえ、子どもたちの行動や発言を全て予測することは不可能です。したがって、無理に「やはり／やっぱり」を使って取り繕う必要はなく、子どもたちが教師の予測範囲を超えた意見を言った場合には、素直に驚けばいいのではないでしょうか。妙に取り繕って「やはり／やっぱり」を使うことはお勧めできません。

相手の意見を聞き入れない「やはり／やっぱり」

また、この会話場面には出てきませんが、「あのね、やっぱりね、これも前に言いましたけど……」のように、前置きとして「やはり／やっぱり」が使われることもあります。これはかなり口ぐせに近いもので、使う人は頻繁に使いますが、使わない人は使わないというようにはっきりと分かれる傾向にあります。

先ほど見た「順当である」という意味と同じ系列ではあるのですが、「やはり／やっぱり」は、少し見方を変えると「様々に考えても、結局は同じ結果になる」という意味にも取れます。これは裏を返せば、「他のことは考えるだけ無駄」というようにも取れます。したがって、口ぐせで前置きに「やはり／やっぱり」を使う人は、「相手の意見を聞き入れで注意が必要です。

ない」というように思われる可能性があるため、少し気をつける必要があります。

ただし、この会話場面の最後で「やっぱり答えと計算式を同じにしないと」というように使われる「やっぱり」の場合は、「考え直した結果、前に考えていたことを修正する」という意味で使われているので、いつも「やはり／やっぱり」が悪者であるわけではありません。しかし、「考え直す」というのも少し困りものです。例えば、子どもがいくつかあるものから一つを選んだ後に、「先生、やっぱりこっち」というように訂正してくると困ってしまうでしょう。

ちなみに、先ほどの取り繕う「やはり／やっぱり」が、相手にいい印象を与えないのも、こちらの「他のことは考えるだけ無駄」＝「相手の意見を聞き入れない」という意味が影響していることは言うまでもありません。作文など書き言葉においては、「やはり／やっぱり」を使うと、「最初から自分の考えが正しい」という非論理的な印象を与えがちなの

13

教師の評価と期待　「せっかく」の奥深さ

《3年国語》

教　師：今日は一枚の絵から想像をふくらませて書くお勉強をします。

子どもたち：はーい。

教　師：いいですか、それではいまから三つの注文を言います。まず、一つ目は、しっかりこの絵から想像を広げてください。

サトウさん：先生、なに書くの？

教　師：もう、書きたくなりましたか？

サトウさん：うん。

教　師：ちょっと待ってね。それから二つ目です。頭の中にしっかり想像が広がったら、組み立てを考えます。

オオマエくん：そして、書く。

教　師：そうですね。そして、三つ目です。せっかく書くんだから、できた物語は読み合いましょう。

イケハラさん：読み合う？
教　師　：そうです。この一枚の紙から、31人分の物語ができるんです。せっかくですから、交流会をしましょう。

「せっかく」に見る日本語の特徴

この「せっかく」を巡って面白いエピソードが紹介されている本があります[1]。日本について研究しているアメリカ人の女性研究者が、自分の息子がある日「せっかく」を使ったのを聞いて、「ああ、息子も日本語がわかってきたのだわ」と嬉しく思ったという話です。なぜ、「せっかく」を使うと「日本語がわかってきた」となるのでしょうか。

「せっかく」は日本語の中の数ある単語の一つに過ぎません。しかし、「せっかく日本に来たのに、寿司を食べて帰らないなんてもったいない」を英語に訳そうとすると、「せっかく」をどう訳していいのか困ってしまいます。なぜなら、「せっかく」は話し手の複雑な気持ちや評価を表す表現であり、日本語の特徴を象徴していると言えるからです。日本語に特徴的な表現であるからこそ、英語をはじめ他の言語には訳しにくく、ベテランの翻訳者でさえ、「『せっかく』は『せっかく』としか言いようがないなぁ」と困ってしまうのです。冒頭の例は、そんな「せっかく」を使いこなせるようになれば、「日本語がわかってきた」と言っていいのではないかという話であるわけです。

苦労と骨折り

「せっかく」の意味について真っ先に思い浮かぶのは、苦労や骨折りでしょう。「せっかく日本に来たのに」は、遠い外国から日本まで来るということは、お金も時間も様々な手続きも、とにかく苦労や骨折りがあってようやく実現したことなのだからという気持ちです。

この会話場面でも、「せっかく書くんだから」や「せっかくですから」には、苦労や骨折りの意味が織り込まれています。まだこれからすることではありますが、一生懸命に物語を書くことは大変なことで、その大変さを乗り越えて物語を完成させるのだから、自分の中だけで終わらせずに、友達と読み合いをして、その面白さを分かち合おうということです。この状況で、まさに「せっかく」はぴったりです。「せっかく」を用いることで、まだ見ぬ子どもたちの物語が高い価値を持つものだという教師の評価を読み取ることもできます。

「せっかく」を用いずに、「できた物語は読み合います」や「交流会をします」と告げただけでは、のっぺりとした作業手順の提示に聞こえてしまい、高揚感が感じられません。たった一つの「せっかく」で「みなさんの書く物語を楽しみにしていますよ」という教師の期待を表すことができています。「せっかく」は「せっかく頑張って書いてくれたから、交流会をしましょうか」のように、子どもたちの成果を評価するときにも使えますし、ここで挙げたように子どもたちの活動に期待を寄せるときにも使えます。まさに教師にもってこいのコトバなのです。

価値の完成

ところで、「せっかく」には苦労や骨折りが伴わない場合もあります。例えば、「せっかくいい天気なので、海にでも行こう」と言った場合、「いい天気である」ということは、人間の作為が及ばない自然現象です。これには苦労や骨折りは伴いません。「せっかく」は「話し手にとって価値がある」と判断したことであれば用いることができるのです。実は「せっかく」は苦労や骨折りだけに使われるのではないのです。

ただし、単に「話し手にとって価値がある」だけでいいのであれば、「せっかく日本に来ました」や「せっかくいい天気です」だけでもいいことになるのですが、実際はそうはいきません。「〜だから」を添えて、後半で価値を完成させなければならないのです。「いい天気だ ↓ 海に行く」のように、「前半の価値を認め、さらに後半でその価値が完全なものになるようにすべきだ。そうじゃないともったいない」というのが「せっかく」に込められる気持ちと評価なのです。この特徴は、苦労と骨折りの意味を持つ場合の「せっかく」にも共通で、「日本に来た ↓ 寿司を食べる」や「物語を書く ↓ 読み合う」となります。

これを教室でのコミュニケーションにおいて、教師のコトバとして使う場合にはどう考えればよいでしょうか。苦労や骨折りの意味を持つ場合、「前半の価値を認める」ということは、子どもたちの努力を認めることです。そして、「後半でその価値が完全なものにすべき」ということは、さらなる発奮を促すことです。「せっかくいい天気なんだから、校庭で遊んだらどう?」のように、前半に苦労や骨折りの意味を含まない場合も、「なかなか得難い状況の価値を認め、子どもたちのために後半のことをお勧めするという促しになります。「いい天気なんだから、校庭で遊んだらどう?」のように、「せっかく」がないと、やや非難を含むニュアンスになります。このように、「せっかく」というコトバをうまく使うことで、子ども目線の促しが可能となるのです。

【1】渡辺実2001『さすが! 日本語』ちくま新書

14 教師の見込みと子どもの諦め

「どうせ」の明暗

《5年国語》

教　師：はい。みんないい俳句が書けたでしょうか。それでは発表してもらいましょう。誰からいこうかな……。
タカハラくん：はい。
教　師：はい、じゃあ、タカハラくん。
タカハラくん：「夏休み　最後の一日　大慌て」。
教　師：ふふ。どうせ宿題が残ってたんでしょ？
タカハラくん：あ、ばれたか。
教　師：じゃあ、次はヨシダさん。
ヨシダさん：え、あー。書けてません……。
教　師：なんだ。まだできてないの？
ヨシダさん：書けてたって、どうせ私なんかろくなのじゃないと思うし……。
教　師：そんなことはないですよ。じゃあ、またあとでね。

子どもからのサインの「どうせ」

「どうせ」と聞いて真っ先に思いつくのは、「どうせ私は馬鹿ですよ」といった自己を卑下するようなつぶやきではないでしょうか。この会話場面でも、ヨシダさんが「どうせろくなのじゃない」と諦めの感です。「どうせ」は、どのようにしたとしても結論や結果が決まっており、個人の意志や努力で変えることができないといった話し手の投げやりな態度や諦めを表します。

確かに「どうせ」には暗い印象がつきまといます。しかし、本当に「個人の意志や努力では変えることができない」のでしょうか。もちろん、SF映画で「どうせ人類は滅びるんだ」とつぶやくような状況だと、個人の意志や努力ではどうしようもないと思います。まさに諦めの境地です。しかし、この会話場面のように俳句がうまく作れるか作れないかという程度(というと、ヨシダさんには申し訳ないですが)のことであれば、個人の努力の入る余地はあるでしょう。そして、ヨシダさんに俳句作りの自信を持たせることこそ、学習指導であると言えます。

つまり、諦めの「どうせ」は、子どもから出るサインだということです。教師はそのサインを見逃さず、きちんと「そんなことはない。やればできる」というフォローをして、自信を取り戻させるべく取り組んでいく必要があります。子どもの漏らす「どうせ」は重要なサインです。この会話場面のヨシダさんのように、はっきりと言う子どもなら気づきやすいですが、ほとんどの子どもは「どうせ」は消え入るような声で言うか、友達だけに言うか、心の中で思うかというところでしょう。表情も手がかりにしながら、子どもの反応をうかがい、「どうせ」が現れていないかをチェックすることが、子どもの自尊感情向上の第一歩です。

また、「どうせ」は自己を卑下するものであるので、教師が自分を対象として使うことはあまり好ましくありません。もちろん、冗談めかして使う分には使えなくもないのですが、それでもやはり教師は子どもたちの前では堂々としていたいものです。

教師の見込みを表す「どうせ」

さて、この会話場面では、タカハラくんの「夏休み　最後の一日　大慌て」という俳句(川柳?)に対し、教師は「どうせ宿題が残ってたんでしょ?」と受け答えています。子どもに対して、「どうせできてないいんだろ!」というような、最初から悪いと決めてかかるような「どうせ」は、子どもたちの自尊感情を損なうので避けるべきです。しかし、この「どうせ宿題が残ってたんでしょ?」は、そうした暗さがあまり感じられません。

「どうせ」は、話し手の見込みを表すことができます。これは、「どのようにしたとしても結論や結果が決まっており、個人の意志や努力で変えることができない」ということと基本は同じなのです。ただ違うのは、この会話場面で言えば、タカハラくんが敢えて「宿題ができていない」ということを俳句に書かず、いわばボケてツッコミを待っている状態だということです。そこの意図を読み、教師が「どうせ宿題が残ってたんでしょ?」とツッコむことは暗さを感じさせず、むしろ「正解!」という感じです。

前向きな「どうせ」

さらに、「どうせ」は何かがすでに決まっている状態で、励ましの言葉がけをする場合には、あまり暗くならない場合があります。例えば、「どうせやるなら思い切っていけ」や「どうせ参加するからには、金賞を取って帰ってこい」などです。これらの「どうせ」は「せっかく」に置き換えることができます。

「せっかく」では、前半に「話し手にとって価値がある」こと、後半に「その価値が完成する」ことがくるということでした(参照第2部⓭項)。つまり、こうした場面での「どうせ」は、投げやりな態度や諦めとしてではなく、「せっかく」と同じように期待を寄せる表現として使っているのです。「どうせ」

では前半部分が「話し手にとって価値がある」というよりは、「話し手の意に反して決まったこと」というニュアンスがあります。したがって、本人の意志を尊重し、「やるならやれ！」と励ますときには「どうせ」の方がしっくりきます。上品な「せっかく」と豪快な「どうせ」といったところでしょうか。

15

個に応じた評価

他者を称える「さすが」

《4年社会》

教　師：では、「ゴミ」について班ごとに話し合った結果を発表してもらいます。では、1班から。

イグチさん：はい。1班では、「ゴミとは使わなくなったもの」と考えました。

教　師：なるほど、使わなくなったらゴミなんですね。本当かな？

コバヤシさん：先生、それだったら、教室の後ろにずっと使ってない地球儀が置いたままですが、あれもゴミですか。

教　師：おお、さすがコバヤシさん、なかなか鋭い意見ですね。1班さんどうですか？

イグチさん：（1班で少し相談してから）えっと、あれはまだ使えるのでゴミじゃないと思います。

教　師：そうですか。使えたらゴミじゃない、と。他の人の意見は？

トマリくん：はい。使えなくなっても大切に置いてあるものもあると思います。

教　師：うん、さすがに大きすぎるものだと邪魔ですけど、小さなものなら記念に置いていてもおかしくありませんね。

イグチさん：うーん、たしかに……。

教　師：はは、さすがのイグチさんも困っちゃいましたね。でも、いい話し合いになっていると思いますよ。

プラス評価の「さすが」

「さすが」の最も基本的な用法はプラス評価です。ある対象に対して、何か当然の判断や結果を導くだけの価値があると話し手が考える場合に「さすが」は用いられます。この会話場面のように、人名に付く場合もありますし、そのほかにも「さすが東京」や「さすが京料理」などのように、場所や食べ物など様々なものに付きます。

教室でのコミュニケーションでは、「さすが」を発するのは主に教師で、この会話場面のように、子どもをほめる場合に使うことが多いでしょう。単に「すごい」や「素晴らしい」ではなく、「さすが」は教師が「その子どもには、それだけのことをなし得る力量がある」という判断として使うため、ほめ言葉の中でも特に強い効果があります。このときの「それだけのことをなし得る力量」については、単なる知識量や成績だけを基準とせずに、子どもたちそれぞれの個性に応じた得意分野を見抜き、「この分野だったら」という目線で、できるだけ多くの子どもたちに「さすが」と言える教師であって欲しいと思います。

マイナス評価の「さすがに＋否定」

「さすが」というと一般的にはプラス評価を思い浮かべますが、実はマイナス評価になることもあります。その多くの場合は「さすがに」という形で、「四輪駆動車もさすがに大雪では役に立たない」や「さすがにプロ野球選手と言っても、全打席全てでヒットは打てない」などのように否定文として使われます。対象に何かをなし得るための十分な力量が備わっているにもかかわらず、予想されるべき当然の結果を阻むような条件が生じるという文脈で使われます。「さすがの横綱もケガには勝てない」のように、「さすがの」という形も同様です。ただし、「さすがにプロだけのことはある」など、「さすがに」という形であっても、否定文で使わない場合にはマイナス評価にはなりません。

この会話場面では、「さすがに大きすぎるものだと邪魔」というように使われています。これはその前のトマリくんの「使えなくなっても大切に置いてあるものもある」を受けて、「そうはいっても大きすぎるとやっぱり邪魔だ」という当然の結果を阻む条件を挙げているのです。

マイナス評価の「さすがに」は、プラス評価の「さすが」と違って、子どもを対象として使うことはあまりないでしょうし、望ましくもないでしょう。マイナス評価の「さすがに」は、この会話場面のように、子どもの発言をいったんは受け入れ、その上で「そうはいっても」という付け加えで、条件を限定するという使い方が一般的でしょう。

「さすが」と「やはり／やっぱり」

「さすが」は、いかにも日本語独特の表現です。話し手が持つ知識や社会通念どおりの結果になるという点では、「やはり／やっぱり」とも近いのですが、「さすが」は主にプラス評価を前面に押し出す働きがあります。

「やはり私が見込んだとおりだった」と「さすが私が見込んだとおりだった」では、差を感じるでしょうか。あまり差がないと感じる人もいれば、やや差を感じる人もいるでしょう。差があるとすれば、話し手の予測の価値の違いでしょう。「やはり」だといかにも話し手の手柄という感じがしますが、「さすが」だと話し手というよりも、むしろ対象となる人の手柄を称えるという感じがします。「さすが」は、自己の判断を通して他者を称えるコトバであり、教師が子どもをほめるのにふさわしいコトバと言えるでしょう。

コラム５　できごとと話し手の気持ち

「命題」という語を聞くと、どちらかというと命題条件や真偽値などとともに数学で思い出す人が多いかもしれません。日本語学における命題は論理学に基づいて定義され、平叙文の内容や意味を指します【1】。事態、できごとそのものを表すと言い換えてもいいでしょう。それに対し、事態に対する話し手の気持ちを表す表現を指す言葉として「モダリティ」というものがあります。代表的な例を挙げて命題とモダリティの関係を考えてみましょう。「雨が降るかもしれません」では、「雨が降る」というのが命題で、「かもしれません」がモダリティです。つまり、話し手の推量というモダリティが、命題を包み込んでいるという次第です。

国語科をはじめ、学習指導においては、「事実と意見を分ける」ということがよく言われます。これにしたがって考えてみると、命題とモダリティは大雑把に言えば、日本語の文について「事実＝命題」と「意見＝モダリティ」という関係が成り立つと言えます。

モダリティは先ほどの「かもしれない」のような文末表現だけではありません。本節で取り上げた「なるほど」、

「やはり／やっぱり」、「せっかく」、「どうせ」、「さすが」といった副詞もモダリティです。「雨が降るだろう」と「たぶん雨が降る」を比べてみると、「雨が降る」という命題に対して、「だろう」も「たぶん」も似たような働きをしていることからもわかります。ただし、全ての副詞がモダリティになるわけではなく、「ゆっくり歩く」のときの「ゆっくり」は事態のあり方を規定する副詞なので、命題に含まれます。

本節で取り上げた「せっかく」や「さすが」などが、話し手の気持ちを表すというのは直観的にもしっくりくると思います。私たちがコミュニケーションをするときには、正確さだけではなく、なめらかさやしなやかさが必要となります。単に正確さだけを追い求めるのであれば、事態やできごとそのものである命題だけを伝えればいいということになります。しかし、電話の横のメモ帳に書かれるメッセージのようなむき出しのコトバは教室でのコミュニケーションにそぐいません。話し手の気持ちを表すモダリティを効果的に使い、教師と子ども、そして子ども同士によるなめらかかつしなやかな教室でのコミュニケーションを目指して欲しいと思います。

【1】日本語記述文法研究会（編）2010『現代日本語文法1』くろしお出版

16

働きかけを彩るコトバ

発言の価値を高める　「てくれる」を使うと

《2年国語》
教　師　：はーい、みなさん、注目、前を向いてください。
子どもたち：(少し時間はかかるが、前を向く)
教　師　：(全員に向かって) はい。みなさんが前を向いてくれたので、これで授業が進められます。いま、サトウさんがいいところに気がついてくれたので、聞いてください。
教　師　：(サトウさんに向かって) サトウさん、ちょっと言ってくれる？　さっきのこと。

「てくれる」は利益を表す

この会話場面では、3箇所「てくれる」が使われています。一つ目は「前を向いてくれたので」、二つ目は「いいところに気がついてくれたので」、三つ目は「言ってくれる？」です。やや過剰な印象もあるかと思いますが、敢えて「てくれる」を多用する教師の談話例を挙げてみました。

日本語には「あげる」「もらう」「くれる」という3種類の授受表現があります。普通に考えれば授受とはモノの受け渡しですから、「あげる」と「もらう」があれば済むことになります。実際、英語ではgiveとreceiveの2種類しかありません。日本語の場合は、授受表現はモノの受け渡しに限らず、「あげる」「てもらう」「てくれる」という形で恩恵の受け渡しに使われます。

ここで特徴的なのが、「くれる」なのです。「てくれる」は、「サトウさんが(私／私の弟に)親切にしてくれた」のように、「私」や「私の親族や仲間」などを「~に」に取り、受け手が利益を得ることを表す表現です。「~に」は省略されることもありますが、「~に」は「私」ないしは身内意識のある受け手であることが条件となります。

教師の仮想的な利益と動機付け

一つ目の「前を向いてくれたので」は、恩恵の与え手が子どもたち、恩恵の受け手は教師ということになります。子どもたちが静かにすることで、教師は授業を進めることができるという利益を得たという考え方です。この場合の利益というのは、実際に何かをもらったというわけではないので、いわば仮想的な利益です。もちろん、授業を進めることができるというのは、教師にとって利益と言えば利益ですが、子どもたちにとってもそうした状態を保つのは義務であり、むしろ当たり前とも言えます。その意味では、教師が特段にありがたがるようなことではありません。

しかし、ここで教師が「てくれる」を使って、子どもたちから利益を受けたと宣言することによって、子どもたちは「自分たちの行為が教師のためになったんだ、嬉しいな」という気持ちになります。この気持ちは「次からも早く静かにしよう」という動機付けにつながります。同じ場面で、「君たちがうるさくしているせいで」のように、「せいで」などを使うと、子どもたちは叱られたと認識するでしょう。もちろん、あまりに静かになるのが遅い場合は叱ることも大切ですが、叱ってばかりでは前向きな意欲を動機付けることになりません。

子どもたちへの利益になることの宣言

二つ目の「いいところに気がついてくれたので」については、恩恵の与え手は子どもたちではなくサトウさん個人で、教師の仮想的な利益になると考えることもできます。サトウさんのよい思いつきが、授業の進行に寄与するという意味では、教師にとっての利益と言ってもいいのですが、それでは教師が一方的な授業展開を要求していることになってしまい、かえってよくありません。

「いいところに気がついたので」のように「てくれる」を使わない場合との対比で考えてみると、「てくれる」を使わない場合は、客観的にサトウさんの意見を評価しているように感じるのではないでしょうか。「てくれる」を使った場合は、教師の利益がうんぬんというより、「サトウさんがいい意見を持っていますよ。聞かないと損ですよ」と、子どもたちにとってサトウさんの意見が利益になることを宣言しているというように考えられます。つまり、子どもたちに対して、サトウさんの意見の価値が高いという評価を宣言しているのです。

低学年では、ある子どもの発言を周りの子どもがきちんと聞くということを成立させるだけでも大変なことです。聞かせようとすると、教師が「静かにしなさい。黙って聞きなさい」を連発することになりかねません。こうした場面では「静かにしなさい」と言うのではなく、「聞いた方が得ですよ」という宣言が効果的で、そこで静かに聞きたくなる環境を作るのに「てくれる」が一役買うことができるのです。

発言の価値を高める

三つ目の「言ってくれる？」の恩恵の与え手は言うまでもなくサトウさんですが、恩恵の受け手は誰でしょう。教師でしょうか、それとも子どもたちでしょうか。おそらくは教師も子どもたちも恩恵の受け手であり、教室にいるサトウさん以外の全ての人が恩恵の受け手だと考えるべきでしょう。先ほどの「子どもたちへの利益になることの宣言」と近いのですが、この場合は、サトウさん個人に対して「あなたの発言は価値がある」と伝えることで、自信を持って発表して欲しいという教師の願いを読み取ることができます。何気ない一言ですが、この場面に「言って」や「はい、どうぞ」などを当てはめて比べてみると、この場面で「てくれる」を使うことに、これだけの意味が込められていることは十分に感じられるでしょう。

「てくれる」に限りませんが、こうした表現を使うか否かは、口ぐせのような面もあり、「てくれる」をたくさん使っているから、必ずよい教師であるというわけではありません。しかし、たとえ口ぐせだったとしても、「てくれる」を多用する教師は、授業場面に限らず日常生活においても、周囲に感謝の念を持って行動しているのではないかと思います。「てくれる」をどんどん使おうなどといって、それだけが一人歩きするのは困りますが、教師はもちろん、私たちの何気ないコトバの使い方に、その人の信念というものがにじみ出ているということなのだと思います。信念が変われば言葉遣いも変わるかもしれませんが、それでは少し長期計画過ぎますので、まずは手近な授業場面でのコトバの使い方から変えてみるというのはいかがでしょうか。

17 一対一からクラス全体へ 「てあげる」を使うと

《1年国語》

教　師　：どうやって象さんが体を洗うか、知らない人もいるかも知れません。キザキさんがノートにちゃんと書いてくれていました。みんなに教えてあげてください。

キザキさん：砂を体にかけて、体をきれいにできると思います。どうですか。

イソジマさん：すみません。聞こえません。

教　師　：あ、聞こえませんか？　では、もう一回、みんなの方を向いて、ゆっくり話してあげてください。

キザキさん：砂を体にかけて、体をきれいにできると思います。どうですか。

子どもたち：いいと思います。

使いどころが難しい「てあげる」

「てあげる」は非常に使うのが難しいコトバです。なぜなら、例えば、相手に面と向かって「掃除を手伝ってあげるよ」と言うと、素直に「ありがとう」と言われることもあれば、逆に「大きなお世話だ」と思われてしまうこともあるからです。「てあげる」は恩恵を相手に与える表現ですので、状況にもよりますが、自分から目の前の相手に直接使うのは避けた方がよいでしょう。

では、どういうときならば使えるのでしょうか。それは恩恵の受け手が目の前にいないときです。例えば、「そのとき、ヨシダさんが一人でやってたから、掃除を手伝ってあげたんだよ」と、ヨシダさんではない第三者に伝えるのであれば使うことができます。しかし、これにしても「わざわざ掃除を手伝ってあげただなんて恩着せがましい」と思われるかもしれません。となると、「そのとき、ヨシダさんが一人でやってたから、掃除を手伝ったんだよ」のように、「てあげる」を使わない方が無難ということになります。このように、「てあげる」は非常に使いどころが難しい表現です。

「てあげる」と巻き込み型コミュニケーション

では、この会話場面ではどうでしょうか。ここではキザキさんが恩恵の与え手であり、他の子どもたちが恩恵の受け手になりますので、恩恵の与え手であるキザキさんだけを教師がひいきしているような印象を与えないようにする注意が必要です。しかし、そこさえクリアすれば、こうした「てあげる」は、クラスの中でコミュニケーションを促す有効な方法です。

なぜなら、学校教育におけるクラスという単位は、自分と同年代の他者が多数存在するコミュニケーション空間だからです。これを有効活用しない手はありません。教師が個別の児童に対して、「読んでください」、「教えてください」と指示するだけだと、教師とその子どもだけの一対一のコミュニケーションになりがちです。こうした状況に対して、クラスの中の他の子どもたちをコミュニケーションに巻き込むような形にすることが大切なのですが、「てあげる」を使うように心がけることで、巻き込み型コミュニケーションのきっかけを作ることができます。

巻き込み型コミュニケーションとは、一問一答のような教師と子どもの一対一のコミュニケーションから、教師と他の子どもたちという一対多の関係をステップとして、子ども同士という多対多の関係を形作っていくものです。このとき、「てあげる」は子どもと子どもの接点を作るという点で、一対一から一対多や多対多のコミュニケーションへと導く呼び水になるのです。

「てあげる」で一対一からクラス全体へ

また、この会話場面では、キザキさんが発言していますが、「聞こえません」と返されてしまっています。そこで教師は「では、もう一回、みんなの方を向いて、ゆっくり話してあげてください」とキザキさんに発言を再度促しています。

発言に慣れていない子どもは、どうしても声が小さくなりがちです。そんなときは是非、もう一度「大きな声で話してあげてください」と促して欲しいところです。「大きな声で話してください」であっても、指示としての内容は変わりませんが、「てあげる」を敢えて使うところにポイントがあります。「てください」では、教師が子どもに指示をしているという一対一の関係ですが、「てあげてください」を使うと、「あなたの発言によって、クラスのみんなが役に立つ話を聞けるんだよ」という働きかけとなり、一対一からクラス全体へという巻き込み型コミュニケーションへの発展のきっかけとなります。

「てくれる」と組み合わせて

しかし、子どもの性格によっては、この会話場面のように指名しても、どうしても自分で発言したくないと固持する子もいます。そういうときには、無理強いをせずに、「キザキさんがこんなに素晴らしい意見を書いてくれていました」と紹介してください。そのことにより、キザキさんの自信も深まり、次に指名したときは、自発的に発言できることでしょう。

ついでに、ここで「てくれる」の効用（参照第2部⑯項）の復習をもう一つしておきましょう。この会話場面の冒頭で、教師は「ノートにちゃんと書いてくれていました」と発言しています。これは机間巡視（子どもたちに書く作業などをさせているときに、教師が子どもたちの机の間を縫って見て回ること）を活かした指名の一つの有効な方法です。手を挙げてもらうと、どうしても自分の意見に自信のある子どもばかりになりがちで、消極的な子どもの発言の機会が作れないことがあります。机間巡視の際に、子どもたちの書いているものをチェックしておくことで、面白い意見を取り上げることができます。そして、この会話場面のように、机間巡視をしたときのチェックを「てくれる」で取り上げることで、子どもたちの個別の作業を教室全体で共有することができるのです。

18 教師の提案と命令

「てみよう」は命令？

《５年算数》
教　師　：（机間巡視中に一人の子どもに対して）うん、いいんじゃない。
タカハラくん：はい。
教　師　：じゃあ、次はここにこの式を入れてみよう。
タカハラくん：うーんと。
教　師　：ん？　わからない？
タカハラくん：うーん……。
教　師　：（あまり間を置かずに）ここだよ。ここ。
タカハラくん：あ、ここか。はい。

机間巡視での言葉がけ

この会話場面で、最初に「うん、いいんじゃない」とほめているのは好印象ですね。机間巡視では、無言で回るよりも、ほめることを中心に声をかけながら回ることが大切です。みなさんも試験などを受けたときに、無言で見て回られるプレッシャーを感じたことがあると思います。もちろん、試験であれば無言は仕方ありませんが、机間巡視の場合はできるだけ言葉がけをマメにした方がよいでしょう。

提案か命令か

さて、問題はその次の「じゃあ、次はここにこの式を入れてみよう」です。日常生活においては、「してみよう」というのは提案です。多くの場合、自分も含めた複数の人間に対して提案をおこなう場合に使われます。しかし、この会話場面では、「てみよう」というのは行動の促しになっており、教師自身は行動しません。この点だけとっても少し変わった使い方だと言えます。

そして、もう一つのポイントは、この会話場面での「てみよう」は本当に提案なのだろうかということです。先ほどの段落では、「行動の促し」という表現も使いましたが、はっきり言ってしまうと提案というよりも命令に近いニュアンスになっていると言えます。「じゃあ、次はここにこの式を入れてみよう」に対して、子どもが「イヤです」ときっぱり断ることは難しいでしょう。というよりも、断るということすら考えないという方が妥当ではないでしょうか。他にも教師の提案調の表現には、「てみようか」、「しましょう」、「しませんか」などがありますが、全て提案というよりは命令に近いニュアンスになります。教師と子どもという関係においては仕方がないことですが、提案調の言い方のつもりでも、子どもたちにとっては、強制力が働くのだということは頭に置いて欲しいものです。

教室での命令のバリエーション

もちろん、「しろ」、「して」、「てください」など、もっと命令調の表現もあります。しかし、少なくとも小学校では「しろ」や「するな」、「しなさい」といった直接的な命令形はあまり使われません。

ある小学校での10の授業の教師の発話を調べてみたところ、命令や指示の意図を含む表現は、「して」、「てください」、「しましょう」で71・３％を占め、「しろ／するな」は１・１％、「しなさい」は２・５％しか出現しませんでした。つまり、小学校の授業においては「して」、「てください」が強い命令、「しましょう」や「てみよう」は弱い命令として働いているということになります。優しく言っているつもりでも、かなり命令が多い授業になっている可能性があるので注意が必要です。

「待つ」ということ

それでは、命令ではなく提案をする場合には、どうすればいいのでしょうか。一つは「したらどうかな」のような明示的な提案を表す言語形式を使うことです。そして、もう一つ大切なことは、どんな表現であったとしても、言葉がけをした後に、「待つ」ことを態度で示すということです。これはどちらかというと、「コトバ」というよりも、第３部で取り上げる「ワザ」の範疇に入ってきますが、コトバとワザは連続的なものという側面もありますので、少し先取りして紹介しておきます。

教師と子どもという関係では、教師としては提案のつもりでも、どうしても子どもには命令に近いニュアンスとして受け止められがちです。それはたとえ「したらどうかな」でも同様です。そこで、その代わりになるのが、「気になる点を指摘だけしたら、あとはじっと待つ」ことです。具体的な行動について言及すると、提案のつもりでも命令に転じてしまうので、指摘だけして子どもの反応を待つわけです。

例えば、この会話場面の最後の「うーん……」のあとの教師の反応です。いかにも急ぎすぎという感じがしますね。表現が命令調かどうかということも大切ではありますが、もっと大切なことは「待つ」という態度です。子どもが考えているときに、慌てて何かを言っては台無しです。子どもが考えているときは、心にゆとりを持って、笑顔で「待つ」ことを心がけましょう。

19 譲歩と可能性　相反する「てもいい」

《5年理科》
教　師　：はい、できてなくてもいいので鉛筆を置いてください。
ヒョウゴさん：もうちょっとー。
教　師　：途中でもいいのでやめましょう。
オオマエくん：えー。

「てもいい」と譲歩

作業時間を区切るために、子どもたちへ指示することは教師の主要な言葉がけの一つです。そのときに、この会話場面のように「てもいい」や「でもいい」を使うことがあるかもしれません。しかし、その効果はどうでしょうか。後ろ向きな感じがしないでしょうか。

「てもいい」には、「ここに車を停めてもいいですよ」のような許可を表す用法、「私が引き受けてもいい」のような申し出を表す用法、そして「誰でもいいから手伝って」のような譲歩の用法などがあります。申し出は主語が「私」のときだけなので、ここでは関係ないと考えると、この会話場面の「できてなくてもいい」は、許可か譲歩、またはその両方であるということになります。ここでのポイントは教師としては許可の指示のつもりであったとしても、子どもたちにとっては「本当はできていた方がいいんだけど、仕方がないからできてなくても構わない」というような譲歩に聞こえてしまうということです。したがって、後ろ向きな印象が強くなるのです。

もちろん、どんなときにも「てもいい」を絶対に使ってはいけないというわけではありません。しかし、「てもいい」ではない形で使えるような状況であれば、敢えて後ろ向きな「てもいい」を使わなくてもいいのではないでしょうか。例えば、この会話場面ですと、「みなさん、素晴らしいのが書けていますので、それぞれ発表してもらいましょう」のように、前向きな感じを受ける指示もできるかと思います。

後ろ向きではない「てもいい」も

さて、「てもいい」をすっかり悪役に仕立ててしまいましたが、後ろ向きではない「てもいい」もあります。

50の授業を文字化したデータを調べてみると、「てもいい／でもいい」は合わせて155回出現していました。実際に使われている例を見てみると、例えば、図工の時間に絵を描いている子どもに「ここ、色を変えてもいいね」と言っています。このように、指示というよりむしろ提案をしている場合、この「てもいい」はあまり後ろ向きという感じはしません。他の例でも、体育の時間に「順番は背の順でもいいし、自分たちで話し合って順番を決めてもいいのよ」というのも可能性の提案という感じで後ろ向きであるという印象はありません。「焦らなくてもいいいよ」という声かけは、後ろ向きというより、むしろ前向きな印象さえあります。

実は先ほどは説明しなかったのですが、「てもいい」には「ソースではなく、醤油をかけてもいい」のように、他の選択の余地、可能性を表す用法があります。「色を変えてもいい」、「背の順でもいい」はまさにこの可能性を表す用法です。「焦らなくてもいい」については、よく見てみると「てもいい」ではなく、「なくてもいい」と否定形になっていることがわかります。「なくてもいい」は「する必要がない」という意味になります。「もう来なくてもいい」だと大変にショックですが、「焦らなくてもいい」だと勇気づけられますね。「する必要がない」の意味になるので、前接する語が「プラスの語」や「したいこと」だと後ろ向きになりますし、「マイナスの語」や「したくないこと」だと前向きになるというわけです。「～を食べなくてもいい」の場合など、例えば「～を」にくるのが好きな食べ物か嫌いな食べ物かでずいぶん違ってきますね。

子どもたちの可能性を制限しない言葉がけ

つまり、「てもいい」という言語形式が悪いわけではなく、子どもたちの可能性を制限するような「てもいい」が問題になるのです。「心がけ次第」という言い方をしてしまうと、教師の話し言葉にこだわる本書の趣旨からそれてしまいますが、意識していない心がけが言語形式に現れると考えていただければいいでしょうか。例えば、「てもいい」一つをとっても、教師としては許可のつもりでも、子どもたちには譲歩ととられてしまったり、可能性を制限したり開放したりと様々な働きをするのです。そして、それは無意識に現れてしまうものでもあります。

「てもいい」に関して言えば、プラスにもマイナスにも転じるので、必ず排除する必要があるわけではありません。つまり、特定の言語形式を忌み嫌うのではなく、自分の言語行動をモニターし、どのような言葉がけになっているかを考える機会を持つことが大切です。ただし、「てもいい」もそうですが、そうは言っても、マイナスの言葉がけに傾きがちな言語形式もありますので、それについては注意する必要があることも事実です。

20 完了か後悔か「てしまう」と「しちゃう」

《４年算数》

教　師：はい、イカワくんが黒板に式を書いてくれました。どうやって解きましたか？　では、さっと説明しちゃってください。

イカワくん：はい。128ページの本を１日に８ページずつ読んだので、割り算にしました。

教　師：そうなんだ。１日に８ページずつ読むんだから、かけ算じゃないの？　割っちゃうの？

イカワくん：えっ。128ページってわかってるので、割ればいいと思います。

教　師：うん、そうですね。よろしい。では、みなさんもこの式、計算しちゃいましょう。どうぞ。

完了の「てしまう」

「てしまう」は、何かの動作が完了するということを表します。普段は「完了」という意味を意識することは少ないと思いますが、みなさんも英語で完了形を習うときなどに意識したのではないでしょうか。「私はちょうど部屋の掃除をしたところです」のような文です。しかし、「私はちょうど部屋の掃除をしたところです」というのは、いったいいつ発話するのでしょうか。もし、娘がお母さんに報告するなら、「もう部屋掃除したよ」で十分な気がします。文法の例文というのは、英語でも日本語でも非現実的なものが多いものです。

さて、話がそれましたが、英語教育の影響もあり、「てしまう」は完了を表すという印象が強くあります。しかし、実際のコミュニケーション上では、完了と言っていいのかどうかよくわからないことも多数あります。例えば、この会話場面では、最初に教師が「さっと説明しちゃってください」と言っています。「てしまう」はくだけた話し言葉では、「しちゃう」になります。これは完了と言ってもいいかもしれませんが、そう単純でもないようです。例えば、ここでは「説明してください」でもよさそうなものですが、「さっと」とセットにすることで、「説明する」ということを「簡単に素早く完了させてね」というニュアンスが感じられます。

また、最後の「計算しちゃいましょう」でも、「さっと」などの副詞はありませんが、やはり「簡単に素早く完了させてくださいね」というニュアンスが感じられます。「てしまう」は単に「何かを終えてしまうこと」を表すわけではないことがわかります。

後悔の「てしまう」

「てしまう」にはもう一つ、文脈によって後悔や残念さなどを表す場合があります。例えば、「財布を電車に忘れてきた」ということを報告する場合、「財布を電車に忘れてきました」のように「てしまう」を使わずに淡々と報告すると、まるで人ごとかのように感じます。やはりここは、「財布を電車に忘れてきてしまいました」と報告する方が、いかにも後悔や残念さがにじみ出てしっくりきます。

このように、「てしまう」につきまとう後悔や残念さというネガティブな印象は、「てしまう」本来の機能であるというより、あくまで状況や文脈との関連から生じるものなのですが、私たちは「てしまう」という言語形式に、なんとなくネガティブな印象を重ね合わせるようです。

この会話場面では、教師がイカワくんに対して「かけ算じゃないの？　割っちゃうの？」と発言して揺さぶっています。イカワくんは、「えっ」と戸惑った反応をしますが、きちんと自分の意見を述べて修正します。ここでイカワくんはどうして「えっ」と戸惑うのでしょうか。それは、「しちゃう」につきまとうネガティブな印象と関係があります。教師が「〜しちゃうの？」と尋ねることで、イカワくんは「それは間違いかもしれませんよ」と警告されたと感じるのです。実際、「〜しちゃうの？」という表現は、「破っちゃうの？」とか「帰っちゃうの？」など、「してはいけないこと」を想起させます。これを振り払うには、自信や確信が必要でしょう。イカワくんはよく頑張りました。

こうした「てしまう」や「しちゃう」のネガティブな印象を逆手にとって、問題を説明するときに、「こうすると〜になっちゃいますね」のように、間違ってはいけないポイントを示すというのも、授業でよく使われます。

結局どっちの「てしまう」？

このように、「てしまう」は単なる完了ではなく、「簡単に素早く完了させてくださいね」というニュアンスがあったり、「してはいけないこと」のようなネガティブな印象を持たせたりします。教師としては、軽い気持ちで言ったとしても、子どもたちは深読みして誤解をするかもしれませんので、注意が必要な言語形式です。

そして、さらに言えば、教室ではここで取り上げていない「てしまう」や「しちゃう」もたくさん出現します。例えば、「じゃ、もう一問いっちゃおうか」の「しちゃう」は完了とも後悔とも言いにくいところです。敢えて言えば、「普通ならここで終わりだけど、敢えてそれを踏み越えて進む」という意味では、「してはいけないこと」の仲間かもしれません。しかし、そこにはネガティブさはありませんね。どういうときに「てしまう」を使っているのか、是非、自分自身のコミュニケーションを振り返ってみてください。

コラム⑥　話し言葉と書き言葉

日本語に限ったことではありませんが、話し言葉と書き言葉というのは、私たちが考えているよりも大きく異なっています。例えば、談話場面を文字化するとき、「、」や「。」を付けていますが、実際の話し言葉には「、」も「。」もありません。つまり、どこからどこまでがつながって文となっているかということは、厳密にはわからないわけです。

また、話し言葉をさらに詳細に文字化すると、言い間違いや言いよどみ、言語学で言うところの「フィラー」（発話内に現れる「えー」「あー」といった語句）、「ま、待って」のようなつっかえなど、実はもっと多くの情報が含まれています。しかし、それらを正確に文字化すると読みにくいので、余分な情報を省略するなどして整え、一見すると整然とした文字化になっているわけです。ここで気をつけるべきことは、整然とした文字化になっているのは「読みやすい」ということを優先しているためであり、実際の話し言葉はもっと混沌としているということとを認識しておくことです。

昨今の国語科では、音声言語教育ということが重視されるようになってきました。しかし、国語科教育でいうところの音声言語教育とは、いわゆる話し言葉を指しており、本当の意味での「音声言語」を扱っているわけではないというところに注意することが必要です。先ほども述べたとおり、本当の話し言葉は、整然とした文字化とはかけ離れています。しかも、アクセントやイントネーションなど、文字化には入りきらない情報もたくさんあります。すなわち、本当の意味での音声言語教育とは、整然と文字化されたような話し方を指導することとはかけ離れているということです。

例えば、音声言語教育としてスピーチを扱う場合、用意した原稿をつっかえずに読む練習をしていたのでは、それは書き言葉を間違えずに音読する練習であって、スピーチの練習とは言い難いところです。原稿をダラダラと朗読されるほど、聞きづらく、眠くなるものはありません。本当に聞き手を引き込むスピーチをするためには、話の内容はもちろんのこと、絶妙な間、強弱の付け方、視線の送り方など、様々なコツがあります。

話し言葉と書き言葉は多くの点において、私たちが考えているよりも異なるものであるということを認識しておくことが、子どもたちに本当の意味での音声言語教育をおこなうために重要なことです。そして、それこそが、現代の企業などが求めるコミュニケーション能力であることが多いのです。

第3部 ワザを見直す

コミュニケーションは、個別の言語形式の集合体であるという考え方があります。もちろん、そういう見方もあると思いますが、コミュニケーションは個別の言語形式の単純な集合体ではなく、組み合わせ次第でその効果は何倍にもなります。第3部では、個別のコトバではなく、コトバを組み合わせた方略としてのワザの効果について解説します。

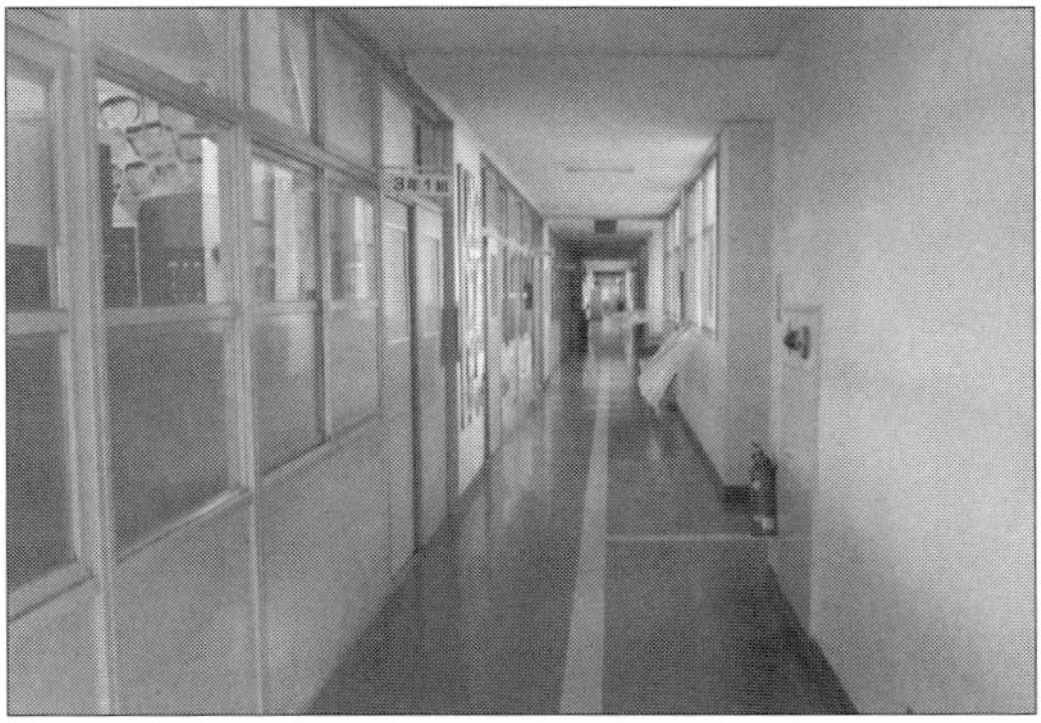

1　問いかけのワザ

言葉がけのメリハリ

《3年算数》
教　師：はい、じゃあ、鉛筆を置いてください。
子どもたち：(おしゃべりしながらガヤガヤ)
教　師：(大きな声で) 鉛筆、置いて！　静かに!!
子どもたち：(ガヤガヤが続く)
教　師：(仕方ないので、黙って腕を組んでにらみをきかせる)
子どもたち：(先生が黙っている (怒っている?) のに気づいて、それを友達に知らせてだんだん静かになる)
教　師：はい。それでは次にすることを指示します。

移行時間は案外かかる

自分一人で何か行動をする場合に比べ、自分以外の人間を巻き込んで行動する場合、後者の方が時間がかかるのは仕方のないことです。ましてや、これが学校場面だと、教師が指示をしなければならない子どもたちの数も多く、授業のあらゆる場面で、ある場面から次の場面に移行するときに、時間がかかるのは当然だと言えます。教案などを書いて所要時間を想定するとき、移行にかかる時間は少なめに見積もりがちですが、移行時間は案外かかるものです。そして、よい授業運営のためには、この移行時間をいかに減らすかというのが一つの課題になります。

教師の指示と子どもたちの慣れ

子どもたちに指示をするときに、教師が常に元気よく声を張り上げ、何度も何度も同じ指示を繰り返すという場面をよく見かけます。一見すると、非常に活気のある教室のように見えるのですが、それに慣れてしまった子どもたちは、教師の指示をほとんど聞いていないという現実もあります。

なぜかというと、教師が大きな声を張り上げれば張り上げるほど、子どもたちが多少うるさくても指示が「聞こえてしまう」からです。指示が聞こえるのはいいことではないかと思うかもしれませんが、多少うるさくても指示が聞こえるのであれば、子どもたちは「ちょっとぐらいうるさくしても大丈夫」と思ってしまい、終始ガヤガヤした雰囲気になることがあります。

教師が何度も同じ指示を繰り返す場合も同様です。そうすればするほど、子どもたちは「聞き逃してもまた言ってくれる」と思ってしまいます。そうなると、「あとで聞けばいいや」ということになり、やはりガヤガヤとした雰囲気になってしまいます。

教室が静かになるとき

この会話場面のように、教師が黙っていると、子どもたち同士で「おい」などと肘をつつき合って静かにするということが起こるのであれば、その教室はまだ十分にコントロールされた学級作りができていると言えます。この場面では、教師は何も指示をしていません。黙っているだけです。そして、黙っていることによって「静かにする」という状況を作り出しています。こうしたワザは、自分が子どもの立場でも、教師の立場でも一度は経験したことがあるのではないでしょうか。教師が怒鳴ればうるさく、黙れば静かになるなんて不思議なものですが、そういうものなのです。

つまり、ときには「2回は言いませんよ」と宣言し、静かに一度だけ指示する場面も必要だということです。特に重要な指示のときこそ、静かに聞かせることが大切です。子どもたちに「聞き逃してはまずい場面もある」ということを教えるのもまた教育です。聞き逃してはまずいという意識が子どもたちに芽生え、教師が何を言うかじっと聞こうとするとき、教室は驚くほど静かになることでしょう。教師が静かに語るときこそ、子どもたちは静かになるのです。

メリハリが大切

もちろん、いつも静かに語りかけるだけでうまくいくわけではありません。ときには大きな声を張り上げて引っ張っていくことも必要でしょう。大切なのはメリハリです。いくら若くて元気な教師だからといって、四六時中声を張り上げていたのでは、教師も子どもたちも疲れてしまいます。

ときには静かに、ときには元気にメリハリをつけて子どもたちに指示を与えることで、それぞれの指示の重要性の差を考えさせることができます。いつも一本調子で声を張り上げるのでは効果半減ですが、静かに指示することの方が多いという教師が、あるとき声を張り上げて指示をしたとすれば、その効果は抜群でしょう。やはり、大切なのはメリハリなのです。

2 省略しない丁寧な言葉がけと教師の配慮

《４年算数》

教　師：はい。では、何人か手が挙がっていますが、イソジマさんに説明をしてもらいましょう。
教　師：前に来てください。
イソジマさん：(前に移動を始める)
教　師：では、いまの時点で、まだわからない人、手を挙げてください。(挙手)
子どもたち：(一部挙手)
教　師：(人数を数える) オッケー。わかりました。
イソジマさん：(前に着く)
教　師：はい。いいですね。それでは、よく聞いてください。
イソジマさん：この面Ａと垂直な面はここと、ここと、ここと、ここです。面Ａと90度の位置です。
教　師：はい。ありがとうございました。どうですか？　みなさん、わかりましたか？

子どもたち：（何人か挙手）
教　師　：お、さっきよりだいぶ減りましたね。イソジマさんの説明でわかったようですね。

省略しない指示

何の特徴もない場面に思えるかもしれませんが、実はよく配慮されている点がいくつもあります。まず、「説明をしてもらいましょう」、「前に来てください」、「手を挙げてください」、「よく聞いてください」など、基本的にきちんと最後まで省略せずに指示をしているという点がポイントです。「説明をしてもらいましょう」の発話は、「はい、じゃ、イソジマさん」のように指名だけして終わりになりがちですし、「前に来てください」も「前で」だけになったり、「手を挙げてください」も「わからない人？」で終わったり、「よく聞いてください」も「じゃ、どうぞ」と短く指示されたりします。

子どもたちの言語行動と教師の言語行動

もちろん、省略したり、短い指示になったりするのが絶対にいけないというわけではありません。コミュニケーションの多くは発話だけでおこなわれるのではなく、表情や身振りなどの占める割合が非常に大きいと言われています。このことを考えると、発話が省略されるのはむしろ自然であるとも言えます。

よく、教師が子どもに注意する場面として、子どもが「先生、これ」といってプリントを渡そうとするという場面があります。「『これ』じゃ何かわからんだろ！」と説教の対象になるわけですが、伝わるか伝わらないかということだけで考えると、「先生」

と呼びかけ、「これ」といってプリントを差し出しているのですから、受け取ればいいんだなということはわかるはずです。

しかし、それでは十分なコミュニケーションであるとは言えないという観点から教師は説教することになります。そうであれば、教師も自分のコミュニケーションを振り返り、できるだけ省略しない丁寧な言葉がけをすべきでしょう。もちろん、「目上の人（子どもから教師）に対しては別だ」という考え方もあるかもしれませんが、模範を示さねば、学ぶ機会も失われるのではないでしょうか。

教室における教師は一種のモデルです。教師の言語行動が、子どもたちの言語行動を映す鏡であると考えるならば、教師はできるだけ省略しない丁寧な言葉がけをした方が望ましいと言えます。

教室での教師の様々な配慮

この会話場面で興味深いのは、イソジマさんが前に移動している間に、教師が「わからない人の数」を確認している点です。理解の程度を細かくチェックするということは教師にとって必須ですが、ここではイソジマさんが移動中の空き時間を有効活用している点がポイントです。小学校では授業時間は45分、準備や片付けもあるので、実際に授業で使える時間はあまり多くはありません。ただ待つだけの時間を作らず、その時間を有効に活用したいものです。

また、こうした子どもたちの移動時の言葉がけは時間の有効活用という効果だけではありません。いわゆる「間を持たせる」や「場をつなぐ」といった言語行動でもあります。何か行動を起こすときに、当事者が「では、いまから始めます」と言ってから、準備時間が生じる場合、全員が無言でその準備を待っていて正直、気まずいという思いをしたことはないでしょうか。こういうことは教室でもよく起こることです。テレビや舞台ですと、気の利いた司会者が、ちょっとした場つなぎのコメントを入れることで、こうした気まずさがやわらぎます。教室において、教師は司会者であり、授業の進行を司るタイムキーパーでもあります。こうした配慮が、間延びしない授業進行のために効果を発揮してくるのです。

また、この会話場面の最後では、「さっきよりだいぶ減りましたね」という言葉がけにより、理解の進度確認を「イソジマさんのおかげ」とほめる形も兼ねておこなっています。非常にスムーズな展開であると言えるでしょう。

3 失敗を恐れさせない言葉がけ

《2年算数》
教　師　：それでは、この問題がわかる人、手を挙げてください。
子どもたち：（大多数が挙手）
ヌマタさん：（ためらいがちに）えーと、間違ってたらどうしよう。
教　師　：うん、間違っても大丈夫。
ヌマタさん：ほんとう？
教　師　：間違ったり忘れたりするから、学校があるんだし、先生がいるんですよ。間違ってもいいので、どんどん意見を言ってください。

意見が言いやすい教室に

子どもたちに挙手して発言してもらうという授業スタイルは、中高生ではなかなか活発にいきません。「間違ったら恥ずかしい」や「出しゃばっていると思われたくない」といういかにも日本人らしい発想があるせいかと思います。その一方で、小学生、特に低学年や中学年では、子どもたちは実に元気よく手を挙げてくれます。高学年でも教室の雰囲気次第では、十分に手を挙げてくれます。活発な教室は見ていて元気をもらえて、嬉しくなるので是非、そうした雰囲気を維持したいですね。

　では、こうした元気な教室にするための工夫は何でしょうか。ポイントは「みんなが手を挙げる」ということでしょう。そのためには、意見が言いやすい教室にしなくてはいけません。例えば、よくできる子を当てていけば授業は順調に進みますが、当てられない子どもが自信を失います。また、間違った答えを言ったり、答えずにもじもじしたりしている子どもに対し、「ちがう！」や「はやく！」と急かすような展開をしていると、次にはなかなか手を挙げにくくなります。意見が言いやすい教室にするには、子どもたちの自信を削がない声かけ、つまり失敗を恐れさせない声かけが大切です。

失敗とは何か

ところで子どもたちにとって失敗とは何でしょうか。一問一答式の授業の場合、教師が用意した答え以外は失敗となるかもしれません。しかし、みんなで考えるという授業の場合、どんな答えであっても失敗というよりも、みんなで考えるためのきっかけととらえることができるのではないでしょうか。

　国語のような答えが特に決まっていない授業はもちろんのことですが、算数の計算問題のように答えがはっきりと決まっている授業でも、間違った答えは「なぜ、こういう間違いになっちゃったのかなぁ」と考えるきっかけになるはずです。これこそが個別学習と集団学習の違いとも言えます。間違ったその子だけでなく、同じような間違いをしている他の子どものためにも、間違った原因を解き明かすことは役立つはずです。もちろん、算数の計算問題のように、他のほとんどの子どもがわかっているような簡単な問題の場合は、間違いを共有するのは時間の無駄と考える人もいるかもしれません。しかし、その問題の答えが合っているということと、考え方によってはその問題を間違える可能性があることに気づくというのは別です。表面だけを見て、本質を見誤ることなく、間違いの意味を考えることが大切です。

しかし、正解はそうしたプロセスを産みません。このように考えると、失敗は成功のもととはよく言ったもので、失敗を失敗と否定するだけが教師の仕事ではないことがよくわかります。嫌みにならないように注意することは必要ですが、「あなたの間違いが考えるきっかけになった」と言える授業を目指したいものです。

学校と教師の役割

この会話場面の最後のように、教師が「間違ったり忘れたりするから、学校があるんだし、先生がいるんですよ」と言うのは、多くの教室で聞かれます。学校という場は学びの場であって、失敗を糾弾する場ではありません。教師は間違ったり忘れたりする子どもを根気強くサポートすることが仕事です。逆に言えば、間違ったり忘れたりしない子どもに対しては、「教えること」は何もありません。出題するだけなら、機械でも十分ということになってしまいます。しかも実際に、最近は機械も格段の進歩をしており、テストの受験者が出題された問題に正解し続ければ、その反応に応じて難しい問題を出題し、間違い続ければ易しい問題を出題できるようにすらなっています。

では、教師と機械は何が違うのでしょうか。それはもちろん、対人コミュニケーションであるという点です。人間と機械の間にもコミュニケーションは成立しますが、その情報のやりとりはごく限定されています。対人コミュニケーションの場合は、無数の情報をやりとりしており、それを組み合わせて非常に幅広い対応が可能です。対人コミュニケーションで、「正解／間違い」や「覚えている／忘れた」といった二元的な結論を導くのは非常にもったいないと言えます。人間は機械と違って、臨機応変な幅広い対応が可能なのですから。

そして、何と言っても重要なのは、「間違ったり忘れたりする子どもを根気強くサポートする気持ち」を明確にコトバにして、子どもたちに伝えていくことです。教師がどのような信念を持っていたとしても、言わなくては伝わりません。日本語では「以心伝心」すなわち、「言わなくてもわかる」という暗黙の了解を前提にした人間関係やコミュニケーションが多々見られます。大人同士であれば、それも一つの可能性だと思うのですが、教室における教師の役割は異なります。教室に唯一存在する大人として、明確にコトバで伝えていくことが求められます。そして、その言語態度こそが子どもの言語態度のモデルとなるのです。

教師が言ってはいけないコトバ

また一方で、教師にとって言ってはいけないコトバというのがいくつかあります。「えっ？　わからないの？」というのがその一つです。わからないから学ぶわけであって、知識という点では圧倒的に優位にある教師が、子どもに対して威圧的にその優位をひけらかしても何もいいことはありません。そして、「なんでこんなこともわからないのか」と言われた子どもは、そう言われるのが嫌で、次からは教師に質問しなくなるでしょう。言われた子どもだけでなく、それを見ていた周りの子どもも同じように思うはずです。そうすると、たちまち意見が言いにくい教室ができてしまいます。教師のコトバ一つで、意見が言いやすい教室にも言いにくい教室にもすぐになってしまうのです。

4 日常での問いと教室での問い

《２年算数》

教　師　：では問題です。校庭に７人の子どもが遊びに行ってしまったあと、教室に19人の子どもが残っていました。教室にはもともと何人の子どもがいたでしょう？

ナカザワさん：えーと、12人です。

教　師　：え、そうかな？　遊びに行った子がいて、19人残ってるんだから、もともといた人数は19人よりも多い？　少ない？

ナカザワさん：あ、そうか。多いのか。

教　師　：そうですね。では、他にわかる人？

トマリくん：はい。25人です。

教　師　：そうかな？　一緒に考えてみましょう。式はわかりますか？

トマリくん：えーと、「□－７＝19」です。

教　師　：そのとおりですね。ということは、19足す……？

トマリくん：７です。

教　師　：そう。答えは?
トマリくん：うーん（筆算中）。あ、26です。
教　師　：そうですね。ということは、26人ですね。よくできました。

日常での問いと教室での問いの構造の違い

日常生活における問いは多くの場合、自分が知らないことについて、知っている相手を探して聞きます。わからないから人に聞くわけですから、当然と言えば当然のことです。それに対して、教室における問いとは、教師が問う方の立場ですから、自分（教師）が知っていることについて、それを知らない相手（子ども）に聞きます。つまり、日常生活での問いと教室での問いは「問い」という点では同じですが、問う方や問われる方が知っているか知らないかという点から考えてみると、全く逆の構造になっていると言えるのです。日常生活では、知っていることをわざわざ相手に尋ねることはないのですが、意外にこのことが意識されていないと思われます。

この会話場面で考えてみましょう。教師の「多い？　少ない？」という問いは二択です。このとき、教師は答えが「多いか少ないか」について、当然、知っているわけで、知っていることを尋ねています。このことは実は子どもにとっても常識で、上の場面では「あ、そうか。多いのか」と、自らの間違いに気づくことで返答しています。

こうしたやりとりは教室の中に特有のコミュニケーションであり、あまり日常生活では行われません。だから「やってはいけない」というわけではありませんが、教師は、教室における問いの構造がこのようになっていることを自覚しておく必要はあるでしょう。

問いの構造の違いから生じるすれ違い

例えば、上記の場面でナカザワさんは、勘よく「あ、そうか。多いのか」と文脈を推測して反応していますが、同じ質問に「多いです」とだけ答えてしまう場合もあるでしょう。このとき、「多いです」と答えた子どもは、単に素直に聞かれたことに答えただけであり、数量的な論理関係がおかしいことに気づかせようという教師の意図までは気づけていないのです。

しかし、教師は自分の期待した答えでない場合、「そういうことを言っているんじゃありません。多いからどうなの?」のように反応してしまうことがあります。これは、問いから推測を働かせることを期待しているのに対し、子どもは必ずしも推測まで及ばず、問いは単なる問いとしてしか処理できないという可能性を、教師が考慮していないことから生じます。すなわち、教室における問いの構造を理解していないために起こるすれ違いと言えるでしょう。

とぼけることによる言い差しの問い

また、「式はわかりますか?」のような明示的な問いがわかりやすいことは言うまでもないですが、「教師が答えを知っている」という教室での問い独特の構造を使うと、「19足す……?」のような、言い差しの問いが可能になります。日常生活においても、話し手が知らなかったり、不確かにしか知らなかったりするような場合、「えーと、今日の会議は……」というような言い差しに対して、聞き手が「10時からですね」のように、すかさず続けて返答する場合があります。教室では話し手である教師が知らないわけがありませんので、教師が「とぼけて言い差すことにより、子どもの答えを引き出す」ような感じになるわけです。

もちろん、状況によっては、言い差しの問いは教室でも高圧的な言い方になることもあるので注意が必要です。それは例えば、「はい、じゃ、19足す?　ん、なに?　ほら、早く」のように急かす場合です。そして、日常生活では逆に答える側が、相手の「えーと、今日の会議は……」という言い差しに対してすかさず「10時からです！」と反応すると、「わかってるよ！」というように言われてしまう場合もあります。つまり、差し出がましい印象を持たれることがあるというわけです。

しかし、こうした差し出がましさに気をつければ、話し手が情報を探しているところに、聞き手が適切な情報を差し出すという反応は必要なコミュニケーションスタイルの一つでしょう。ここでもビジネス場面を挙げたように、子ども同士の日常会話でなかなか遭遇する場面でもありませんので、こうしたやりとりを教師と子どもですることにも意義があります。

５ 隠れた語を掘り起こす語彙指導

《５年国語》
（「千年の釘にいどむ」（『国語 五 銀河』光村図書出版）における授業場面）
教　師：こんな釘があることについてどう思いますか。はい、キザキさん。
キザキさん：これだけものを作るのには、たくさんの時間と……（５秒ほど沈黙）力がかかると思います。
教　師：力？　何の力かな？
キザキさん：んー、時間がたくさんかかるから、それだけなにか力がいる。
教　師：どんな力なのかな？　わかる人？
イカワくん：手間だと思います。
教　師：おお、手間。なるほどね。でも、力とは少し違うよねえ。
ヨシダさん：はい。労力だと思います。
教　師：おお、なるほど！　キザキさん、どう？
キザキさん：はい、それが言いたかったんです（にっこり）。

語彙指導の重要性

語彙指導は非常に重要です。「話すこと・聞くこと」、「書くこと」、「読むこと」という全ての言語活動において、豊富な語彙が支えとなることは言うまでもありません。つまり語彙指導は、日本語という言語を媒介として学ぶ全ての教科において重要であるということに他ならないのです。しかし、母語である日本語の語彙指導は例えば英単語を覚えるように、単語カードを機械的に覚えさせていくわけではありません。日常生活や学校生活の中で、目にしたもの、耳にしたものを認識し、自らの語彙の中に取り込んで、その幅を広げていくのです。

このように語彙指導の重要性は、学校教育全般はもちろんのこと、日本語社会におけるコミュニケーション全般において認められます。しかし、その中でも特に国語科は言語を扱う専門教科として、新しい単語を知り世界を広げるという語彙指導の中心的な役割を果たすことが期待されます。

教室における二種類の語彙指導

授業場面における語彙指導には、少なくとも2種類あると思われます。一つは「わからない語を説明する語彙指導」であり、もう一つが「隠れた語を掘り起こす語彙指導」です。

「わからない語を説明する語彙指導」については、それこそ説明は必要ないかもしれません。子どもたちは教室の内外を問わず、常に新しい単語や知らない単語にぶつかります。とりわけ3～4歳の幼児が「あれなに？」、「これなに？」と周囲の大人を質問攻めにすることは誰しも経験することであると思います。

小学生になると、日常生活においては、新しい語や知らない語はだんだんと減ってきますが、教室においては新しいこと、知らないことを習うわけですから、わからない語にぶつかって当たり前です。どの教科でも聞いたことのない語が出てくれば、子どもが「どういう意味ですか」と質問し、教師がそれに説明したり、子どもたちが相互に説明し合ったりすることで、新しい語について学びます。この「わからない語を説明する語彙指導」も極めて重要で、教師は国語科に限らずあらゆる教科で、子どもたちの語彙を広げていく努力が必要です。語彙が広がるということは、知らなかった世界を知ることであり、子どもたちにとって知り得る世界が広がるということなのです。

もう一つの語彙指導

「わからない語を説明する語彙指導」に対し、もう一つの語彙指導とは「隠れた語を掘り起こす語彙指導」です。この会話場面では、キザキさんは「労力」という語が出てこず、しばらく迷ったあとに、少しでもイメージに近い「力」という語を示しました。教師はすかさずこれに対し、「何の力かな?」と聞き返しています。この対応が重要なのです。これをあっさりと流してしまうと、キザキさんの「言いたい語」すなわち「隠れた語」は掘り起こされずに消化不良に終わってしまいます。

先に「労力」という語が出てきて、それがどういう意味か説明するという手順ではなく、子どもが何か言いたい語があるのになかなか出てこない、という状況において、教師は根気よく語を引き出していく必要があります。この場面では、「5秒の沈黙」と、そのあとにひねり出された「力」という語を手がかりに、他の子どもたちへも意見を聞きながら、キザキさんの「隠れた語」を掘り起こす語彙指導をしています。

この会話場面では、教師が「何の力ですか」と確認しても、キザキさんは説明しようとはするものの、どんな種類の「力」なのかは示せずにいます。そこに、イカワくんが「手間」という語を示し、さらにそれと関連づけてヨシダさんが「労力」という語を示します。それにより、キザキさんは「それが言いたかったんです」と、自分が表現したかった語を見つけて納得の面持ちです。

この場面で教師がすぐに「労力」という単語を思

いついたかどうかはわかりません。教師がすぐに隠れた語に思い当たった場合、「それは『労力』ですね」と指摘するのもいいのですが、敢えてクラス全体で考える場を持つというのも一つのワザであると言えます。子どもたちに相互に考えさせる場を設けた方が、学びが共有されます。

このやりとりは、時間にすれば数分の短いやりとりですが、ここでの学びはキザキさんにとってはもちろんのこと、正解ではないがステップになる概念を示したイカワくんや、必要な語を掘り起こしたヨシダさんにとっても大きな学びとなったはずです。授業の中の何気ない一場面に、輝くような語彙指導が埋め込まれていると言ってよいでしょう。

低学年の場合は

学年が上がるにつれ、「隠れた語」は抽象度を増すので、注意深く子どもの逡巡を見抜き、立ち止まるワザが必要ですが、低学年の場合はむしろ具体物であったとしても「隠れた語」だらけだと言えます。言いたいけど言えない語があると、ジェスチャーで示してくれたり、絵を描いてくれたり、一生懸命に伝えようとしてくれるでしょう。私たちの日常生活でも、「ど忘れ」と言われるようなごくありふれた場面です。

例えば、「自転車」が言えない場合には、「ほら、あれ。えー、タイヤが二つで、ハンドルがあって、チリンチリンって鳴らすのもあって……」といった説明を、大きなジェスチャーとともにしてくれると思います。これに対して、すぐに「それは『自転車』ね」と答えてしまうのも味気ないので、先ほど述べたとおり、周りの子どもたちにも考えてもらいたいと思います。授業の最中にこうした機会があることもあれば、ときにはコミュニケーションゲームとして、「肝心な語は言わないで、何の語のことを言っているか当てさせるゲーム」をやらせてみても面白いかもしれません。

コラム７　日常生活における話し合い活動

プレゼンテーションやディベートといった発表や討論をおこなう学習活動が盛んになってきた背景には、現実社会において相手を説得する力や、討論をおこなう力が必要であると認識されるようになったからです。特に社会人として働く場合、こうした力はコミュニケーション力とも呼ばれ、特に公的な場面において不可欠なものでしょう。社会人の第一関門とも言える就職活動における面接で、まずはこうした力を評価されることとなります。面接はまさに公的な場面であると言え、各大学でも面接対策はキャリア指導として熱心におこなっています。

さて、一方で、私たちが日常生活のような私的な場面で発表や討論をおこなう機会はどのくらいあるのでしょうか。例えば、スピーチは学習活動としてよく取り上げられますが、日常生活でスピーチをすることといえば、せいぜい友人の結婚披露宴ぐらいで、そんなに頻繁にあるとは思えません。同じく日常生活において相手を説得しようとプレゼンテーションを始めたり、討論によって相手を打ち負かしたりすることも、なくはないでしょうが一般的であるとは言い難いところです。つまり、プレゼンテーションやディベートも含めたこれらの学習活動は、全て公的な場面での話し合い活動であり、日常生活のような私的な場面での話し合い活動とは性質が異なります。

外国人に対する日本語教育において、「会話」の授業でよく使われるのがロールプレイです。ロールプレイとは、ある課題に対して、参加者に役割を与えて模擬的な交渉をさせるものです。子どもたちを対象とする場合は、身近なテーマ（「友達をパーティーに誘う」「先生に遅刻した理由を説明する」など）について子どもたちに「演じる」体験をさせることで、自分の言語活動を見つめ直す機会を持たせることを狙うのがいいでしょう。日常でも起こりそうな場面で、かつ自然には遭遇しにくい場面を「演じる」ことで、子どもたちの言語活動の体験を補充し、さらにその言語活動を教師や友達、そして自分自身の振り返りにより「評価」することで、日常の体験では得られない学びが生まれます。こうしたロールプレイについては、拙著で小学生向けの具体的なワークとしてまとめています【1】。是非、日常生活における話し合い活動について考えるきっかけにしてみてください。

【1】森篤嗣・牛頭哲宏2010『ロールプレイでコミュニケーションの達人を育てる　小学生のための会話練習ワーク』ココ出版

6 子どもの意見に反応するワザ

一問一答から考えを広げる

《3年理科》

教　師　：それでは、いまからある鳥の写真を見てもらいます。
子どもたち：（注目している）
教　師　：はい、これわかりますか？（つばめの写真）
ヌマタさん：えーと、はと。
教　師　：（無視）
イグチさん：すずめ？
教　師　：（無視）
サトウさん：つばめ。
教　師　：おーっ！　そうそう！　よくわかったねー！　すごいすごい。
他の子どもたち：……。

不正解時の反応が大切

授業での一問一答というのは、日常生活におけるコミュニケーションとかなりかけ離れていると言わざるを得ません。なぜなら、発問する教師は答えを知っているのにもかかわらず、子どもに問いかけるからです（参照第3部❹項）。その意味では、知っていることを問いかけ、正解が出てくるのを待つという点で、発問はクイズやなぞなぞによく似ています。

さて、それではクイズやなぞなぞの場合を考えてみましょう。例えば、回答者が不正解を言った場合にどのように対応するでしょうか。

回答するチャンスが1回しかないようなクイズの場合は、「ハズレ！　残念！」で終わってしまうかもしれません。しかし、授業における発問は「ハズレ！　残念！」で終わってしまうわけにはいきませんので、回答するチャンスは複数回あると考えましょう。そうなると、不正解の場合は「そうですか？」や「うーん、惜しい」などの反応があるはずです。そして、場合によっては、「じゃあ、ちょっとヒントね」と言うかもしれません。これは教師による一問一答に対する不正解時の反応とほぼ同じです。

クイズの場合として引き続き考えてみましょう。もし、不正解時の反応が「違います」と冷たく切り捨てられたり、ただ首を横に振られるだけだったり、さらには無視されたりすると、もうクイズになんか付き合ってられないという気分になるかもしれません。これは一問一答でも同じことです。子どもの不正解に対する誠実な反応こそ大切なのです。正解を引き出すことばかりに気を取られて、不正解時の反応をおろそかにすることは、正解を言った子どもへの賞賛が大きければ大きいほど、不正解で不誠実な対応を受けた子どもたちにとって興ざめです。

一問一答をうまく使う

そもそも昨今の授業では、積極的に一問一答だけで組み立てようというタイプの授業は少なくなってきているように感じます。子どもたちが自身の意見を述べることができるということを重視するようになってきているため、知識を問うような発問というのは以前に比べるとそれほど頻度が高くなくなってきているのです。

しかし、そうはいっても一問一答を全くせずに、考えを述べ合う授業というのもなかなか難しいものがあります。第一、時間が足りなくなってしまいます。一方で、一問一答には、「子どもたちへの負担が少ない」というよい面もあります。教師に指名されて発言するにせよ、自分から手を挙げて発言するにせよ、多くの友達の前で発言するという行為は負担が重いものです。そして、ただでさえ負担が重い行為である発言が、「自分の考えを述べる」といったさらに負荷の高い活動と組み合わせられると、かなり大変です。さらに「自分の考え」を述べて、間違ってしまうと自信をなくし、次はなかなか手を挙げにくくなるということもあります。したがって、知識があれば答えることができ、どちらかというと間違えにくい一問一答をうまく使い、正答したらほめるという行為は、子どもたちに意見を言うことに自信を持たせるためのよい手立てなのです。

ただ、注意しなければいけないことは、先にも述べたとおり、不正解の子どもに対する反応です。この会話場面では、「はと」や「すずめ」と答えた子どもに対し、「はとはもう少し大きいんじゃない？」や「すずめはもっと小さくて茶色だね」など、なぜ間違っているのかを認識させる反応によって、クラス全体に、はとやすずめを認識させることにも一役買うことができます。

クラスという集団で学ぶ

一問一答で正解を答えられるということも、もちろん大切なことではあるのですが、単に正解を答えるだけであれば、教師と子どもの一対一で授業をしても変わりありません。学校教育というのはクラスという集団で学ぶことに意味があるのです。この会話場面でも、「つばめのことを、はとやすずめと間違える友達がいる」ということを知ること自体が学びの一つであると言えます。

　クラスという集団で学ぶことは、同じ地域、同じ世代であっても、こんなにも考えていることや、感じること、思うことに違いがあるということを実感することです。不正解も学びのきっかけなのです。本題からすると不正解の意見であっても、「なるほど、そういう考え方もありますね」と感心し、他の子どもたちへ「みなさんはどう思いますか?」と投げかけて欲しいと思います。

7

複数の意見を融合する

《４年社会》

教　師　：みなさん、例えばどんな地名を知っていますか。
イグチさん：東京。
ヒョウゴさん：渋谷。
イケハラさん：大阪。
コバヤシさん：九州。
ナカザワさん：桜丘町（笑）。
教　師　：はい、いろいろ出ましたね。
教　師　：いくつ出ましたか？
ヒョウゴさん：五つ！
イグチさん：違うでしょ。渋谷は東京と同じでしょ。
教　師　：お、面白い意見が出ましたね。どういうことですか。
イグチさん：はい。渋谷は東京の中の一部だから、二つと数えるのはおかしいと思います。
教　師　：なるほど。二つと数えるのはおかしい。他に似たようなことはありませんか？
ヒョウゴさん：それだったら、桜丘町も渋谷区の中の一つじゃん。
教　師　：お、そうですね。さっきのイグチさんの意見と同じですね。じゃあ、結局いくつ？
ヒョウゴさん：えーと。東京の中に渋谷、渋谷の中に桜丘町だから……。三つだと思います。
教　師　：なるほど。
イケハラさん：でも、それだったら、九州は東京や大阪とは違うんじゃない？
教　師　：どうして？　一部ってわけじゃないよ？
イケハラさん：えー、だって東京と大阪は都道府県だけど、九州県ってないもん。
教　師　：なるほど。では、コバヤシさん、九州県がないから東京や大阪とは違うという意見ですが、どうですか？
コバヤシさん：うーん、確かに東京や大阪とちょっと違うと思います。
教　師　：そうですか。はい。いろいろな考え方が出ましたね。面白い。

教師が評価をしないということ

授業でのやりとりの典型は、一問一答式の正解を求める流れになりがちです。もちろん、一問一答式を完全に否定することはできません（参照第3部❻項）。効率よく正解にたどり着くために情報を整理するという過程が必要な場合もあるからです。

しかし、その一方で子どもたちに自由に意見を言わせる場も持ちたいところです。この会話場面での最大のポイントは、「教師が評価していない」ということです。最後のところで「面白い」と言っているのは評価の一環ですが、教師が「面白い」と評価したのは、子どもの意見の正解や不正解についてではなく、この一連のやりとりそのものを「面白い」と評価したわけですので、一問一答式における評価とは少し違っています。

子どもの意見に声を吹き込む

では、教師が評価をせずに授業におけるやりとりを成立させる方法はあるのでしょうか。その一つに、子どもの意見をそのまま受け入れ、繰り返しという形で声を吹き込むことによって、さらに別の子どもへの問いかけに使うという方法があります。教育学では、「子どもの意見に再び声を吹き込む」という意味で、この方法を「リボイシング」と呼んでいます【1】。

具体的には、「なるほど。二つと数えるのはおかしい」とイグチさんの意見を言い直している部分、さらに「なるほど。では、コバヤシさん、九州県がないから東京や大阪とは違うという意見ですが、どうですか?」とイケハラさんの意見を言い直している部分がリボイシングに当たります。教師が子どもの意見に再び息を吹き込み、教室に投げ返したのです。

授業コーディネーターとしての教師

そして、「リボイシング」に対して、ほかの子どもたちが反応することで、教室の中での意見の合意形成がなされていきます。イグチさんの意見に対し、ヒョウゴさんが「それだったら、桜丘町も渋谷区の中の一つじゃん」と新たな意見を述べています。そこで教師が「お、そうですね。さっきのイグチさんの意見と同じですね」とイグチさんの先ほどの意見と、ヒョウゴさんの新しい意見の同質性について整理し、両者の意見を融合して次の展開を導いています。

このように、教師が正解や不正解を評価しなくても、子どもたちが提出した複数の意見を融合することによって、学びを深めていくことが可能になります。教師が安易に評価をせずに、一歩引いてコーディネーターのような役割を果たすことで、子どもたちが自主的に学びを形成していくことができるのです。

このときの教師の役割は、複数の意見の同質性や異質性について判断し、どの意見とどの意見を付き合わせると議論が深まるか整理して、その道筋を示すことです。簡単なようで実に高度な教師のワザです。ベテラン教師は「リボイシング」などという用語を知らなくとも、実にこのあたりをうまくおこなっていることがあります。こうしたワザを見過ごすのは非常にもったいないことで、運よくこうした熟練のワザを見る機会を得たら、しっかりと見て学んでおきましょう。

【1】市川洋子 2010「言葉と人・教材をつなぐ教師の言葉―リボイシング」秋田喜代美(編)『教師の言葉とコミュニケーション―教室の言葉から授業の質を高めるために』教育開発研究所、pp. 80-83

8

繰り返しの効用

《1年国語》

教　師：では、主人公が「こう思ってるんじゃないかな」ってことを、自由にどんどん出していきましょう。
子どもたち：(挙手)
教　師：はい、イソジマさん。
イソジマさん：「いっぱい出てきたな」
教　師：「いっぱい出てきたな」そうね。このときの気持ちよね。
子どもたち：(挙手)
教　師：たくさん手を挙げてくれてるね。
教　師：はい、イカワくん。
イカワくん：すごいなあ。
教　師：「すごいなあ」うん、そうだね。驚いてるのかな。

発音トレーニングとしての繰り返し

この会話場面では、1年生の子どもたちに「自由にどんどん出していきましょう」と声をかけ、気持ちを楽にして子どもたちに意見を出させています。さて、ここでは出てきた子どもの意見を「繰り返す」ことの効用について、特に低学年に絞って考えてみたいと思います。

1年生の子どもたちは、積極的に意見を出してくれるとは思いますが、発音が明瞭であるとは言い難い子どももいます。発音トレーニングといえば、「あめんぼあかいなあいうえお」など、演劇での発声トレーニングのようなものを思い浮かべますが、授業場面や日常生活場面と演劇は違いますので、必ずしもそういった発音トレーニングが有効に働くとは限りません。

では、どうすればいいのでしょうか。一つの方法として、子どもたちが「発音したつもり」の音を、周りの大人が明瞭な発音で繰り返すことによって聞かせるという方法があります。第二言語習得理論では、このように正しいフレーズを反応として返す方法を「リキャスト」といいます【1】。外国語学習の場合は文法的に間違えることも多いので、発音トレーニングというより、むしろ文法の方に焦点が当たりがちですが、ともあれ、音声にしろ文法にしろ、話の流れを止めずに正しいフレーズを繰り返すことがポイントです。

子どもたちの発音が聞き取りにくいときに、「違うよ！　○○だよ！」のように、流れを遮って強い調子で訂正をすると、子どもたちは萎縮してしまうかもしれません。そこで、教師は子どもの発言が聞き取れた範囲で繰り返すことによって、正確な発音を子どもにフィードバックします。子どもはその発音を聞いて、「なるほど、こういう発音だといいんだ」と気づけば、次からは修正できるかもしれません。音声ではなく、漢字の読み間違いなどにも応用できます。

長期的な取り組みとして

「繰り返し」のもう一つのポイントは、子どもが「繰り返し」に気づいて修正できなくても構わないという点です。もちろん、気づいて修正してくれるに越したことはないのですが、気づかないと駄目ということではありません。仮に修正しなかったとしても、正しい発音を聞くことには十分に意味がありますし、何度も「繰り返し」をされるうちに、「あ、いつも言われるな」と気づくかもしれません。「聞き取りにくいよ！」と明示的に指摘された方が、短期間で効果が出るかもしれませんが、「聞き取りやすさ／にくさ」というのは、主観的な側面もあります。できるだけ子どもたちのプライドを傷つけずに、長期的な取り組みとして「繰り返し」で、発音トレーニングに取り組むことでも、十分に教育的効果は上がります。

認識共有としての繰り返し

また、子どもたちの発音が不明瞭だったり、声が小さかったりすると、他の子どもたちにその意見が届きません。意見が共有されないというのは、授業の進行上も問題ですし、学びの効果が薄くなってしまいます。また、子どもたちが「聞こえません」と連呼することによって、教室が騒がしくなってしまったり、発言した本人がおびえてしまって、次に発言したくなくなるなどの弊害もあります。

そこで、そうした聞き取りにくい子どもの意見を教師が「繰り返す」ことによって、クラス全体で認識を共有する効果があります。このように「繰り返し」をうまく使うことで、子どもたちが「聞こえません」と騒ぐことも、発言した本人がおびえることもなく、安定した授業運営が可能になります。

ただ、注意しておきたいのは、「どうせ先生が繰り返して言ってくれるから」と安心してしまい、いつも小さな声でしか発言しない子どもが出てきてしまうことがあることです。毎回でなくても構いませんので、「それ、とってもいい意見だね。お友達に聞こえるように、みんなの方を向いて、大きな声で言ってみてくれる?」のように声をかけ、自分自身の声で伝える機会も持たせるようにして欲しいところです。「みんなに聞こえてないよ」と子どもに伝えることは、音声として発言が適切ではないと指摘することなので、発音トレーニングの一環であるとも言えます。

受容としての繰り返し

低学年における「繰り返し」の効用としては「受容」もあります。子どもたちの中には「自分の意見は合っているのかな。どうかな」と非常に不安に思って発言している子どももいます。先生が繰り返して言うことで、子どもたちは自分の発言を「受け入れてもらった」という安心感が持てます。これだけでも繰り返しの効用は大きいと言えます。

「繰り返し」による受容は子どもたちに対する評価というところまではいきませんので、単に繰り返すだけではなく、評価のコトバを添えることがポイントです。この会話場面では、「そうね。このときの気持ちよね」や「そうだね。驚いてるのかな」といったコトバを添えています。まず、「そうだね」のような受容のコトバを添え、そのあとに教師の感想を一言加えることで評価を表すのです。

【1】大関浩美 2010『日本語を教えるための第二言語習得論入門』くろしお出版

9 おとぼけフィードバック

《3年国語》

教　師：乗用車とタクシーの違いって何ですか?

イビくん：乗用車は上になにも付いてないけど、タクシーは上になにか付いてる。

教　師：そうかぁ、なにか付いてるのかぁ。先生の車にも鳥の糞が付いてるから、先生の車はタクシーですね。

イビくん：ちがいます。先生の車は乗用車。タクシーは屋根にタクシーってわかるものが付いてます。

教　師：じゃあ、先生の車にもタクシーって張り紙したらタクシーになるのかな。

イビくん：もう、先生！　乗用車はお金を取らないけどタクシーはお金を取ります。

教　師：へぇ、自動車がお金を取るんですか。タクシーって泥棒なんですか?

イビくん：そうじゃなくて（呆れた様子で）。乗用車は自分で運転するための車のことで、タクシーは運転手さんに運転してもらうから、お客さんがお金を支払わないといけない車のことです。

教師：なるほど、じゃあ、イビくんがいま言ったことを整理してもう一度説明できる人はいませんか?

明示的／暗示的フィードバックとは

　フィードバックとは、子どもの反応に対する教師の評価を伝達することです。その際に、結果だけを伝えるのではなく、結果を導くための方法や、行動の反省点について伝えることも含みます。具体的な言葉がけにしてみると、教師が「合ってますよ」や「間違ってますよ」と伝えることはもちろん、「なぜ間違えたかというと……」や「そこはこのように考えればよかったですね」なども含むということです。

　さて、このフィードバックですが、さらに分けると明示的フィードバックと、暗示的フィードバックに分かれます。上記で説明したフィードバックは、誤りをはっきり指摘していますので、明示的フィードバックに当たります。ストレートに評価を伝えるわけですね。

　もう一方の暗示的フィードバックとは、誤りをはっきり指摘しないフィードバックです。第二言語習得という外国語の教育を扱う分野では、暗示的フィードバックとしての「言い直し」をリキャスト（参照 第3部❽項）と呼んでいます。例えば、「エレベーター」を「エベレーター」と言い間違えた子どもに対して、「違いますよ。エレベーターですよ」と誤りを指摘して訂正するのが明示的フィードバックだとすると、リキャストでは「そっかぁ。エレベーターに乗ったのね」のように、誤りを指摘せず、会話の流れが止まらないようにしつつ、さりげなく正しいフィードバックをするのです。

なぜリキャストをするのか

暗示的フィードバックやリキャストの効果については、いろいろと研究されていますが、実は積極的にその効果を実証するというところには至っていません。これは考えればすぐにわかると思うのですが、誤りを指摘せず会話の流れを止めないリキャストでは、学習者や子どもたちは自分が間違ったことにすら気づかない可能性があるからです。単純な教育効果だけで言えば、明示的フィードバックの方が手っ取り早いと言えるでしょう。

それでも、リキャストのような暗示的フィードバックが支持されるのは、学習者や子どもたちの自信を失わせないという効果や、会話の流れを止めないことによって文脈理解をさまたげないといった効果があるからです。明示的フィードバックと暗示的フィードバックのどちらかだけが正しいわけではありません。場や子どもの状況に応じて、両方を意図的に使い分けることが大切です。

「とぼける」という暗示的フィードバック

さて、この会話場面では、先生は徹底的にとぼけています。それに子どもがどんどん突っ込みを入れていくことで、子どもの考えが深まりつつ形成されていく過程が見て取れます。これは漫才における「ボケ」と「ツッコミ」の関係と同じですね。先生が「ボケ」の立場で徹底的にとぼけます。そして、この「ボケ」により、子どもたちの思考が深まるように誘導していくのです【1】。

教師の役割は、当然のことながら子どもに「教える」ことです。「教える」という行為は基本的には明示的フィードバックによっておこなわれます。しかし、教師の仕事はいつも「教える」一辺倒である必要はありません。ときにはこの会話場面のように、

「とぼける」ことによる暗示的フィードバックをおこなうことでも、子どもたちが自主的に考える機会を与えることが可能になります。

【1】牛頭哲宏 2010「筋道を立てて説明する子を育てるための小学校教師の言語能力」森篤嗣・牛頭哲宏『ロールプレイでコミュニケーションの達人を育てる　小学生のための会話練習ワーク』ココ出版、p. 85

10 子どもの説明の真意を推察する

《2年休み時間》

ナカジマくん：ねえねえ！　先生！　大変！　大変！

教　師　：ん？　どうしたの？

ナカジマくん：あのね。えっとね。ヨシダさんがね。鉄棒のね、ところでね。

教　師　：まあまあ、少し落ち着いて話しなさい。

ナカジマくん：はぁはぁ……。ふう。それでね。ヨシダさんが鉄棒から落ちてケガした！

教　師　：それは大変！　どんなケガ？

ナカジマくん：えっとね。手から落ちて、すりむいて血が出て、痛い痛いって。

教　師　：なんだ。すりむいただけなのね。じゃあ、保健室に連れて行ってあげて。

ナカジマくん：でも、痛いって……。

教　師　：まあ、すりむいただけなら大丈夫でしょ。

子どもの報告を聞くときには

授業ではなく生活指導場面において、子どもの報告を聞く場合があります。教師は子どもを落ち着かせながら、状況を聞き出すワザが必要です。焦っているときの子どもは「あのね、それでね、えっとね、それがね」のように、なかなか言いたい単語が出てきません。深呼吸の一つもさせて、息を整えてから話をしてもらうのが基本です。

さらに、今回のようなケガを含むトラブルの場合、教師が慌てすぎるのはよくありません。教師が慌てると、その動揺が子どもに伝わり、余計に焦らせることになってしまいます。落ち着いた口調で話しかける方がよいでしょう。

子どもとのやりとりを教育機会に

ただ、ここで述べたようなことは、現場の先生であれば当たり前のようにされていることでしょう。ここで特に意識しておくべきことは、このような生活指導場面での子どもとのやりとりではないということです。単なる子どもとのやりとりであれば、報告を受け、それに対処するということだけが達成されればそれでいいことになります。

しかし、学校教育においては、こうした生活指導場面での子どもとのやりとりこそ、国語科で学ぶ「話すこと・聞くこと」の成果を発揮する場面であり、ケガの程度に対する理解という点では理科や保健の知識を役立てる機会でもあるということです。すなわち、教育の機会でもあるのです。

現在の学習指導要領において、国語科では「伝え合う力」の重要性が前面に押し出されていますが、「伝え合う力」が教室の中でしか効果を発揮しないというのでは、教育としてあまりに不十分です。子どもたちの日常生活の中で、情報を過不足なく伝え、そして、最低限の情報だけでなく、その背景にある状況や、自分の意志まで伝えられてこそ「伝え合う力」であると言えます。教師は子どもたちの生活の全てに寄り添うことはできません。だからこそ、生活指導場面での子どもとのコミュニケーションは、「伝え合う力」を確認する最大の教育の機会なのです。この点は十分に認識しておく必要があります。

子どもの説明の真意を推察する

さて、実はこの会話場面には後日談があります。このヨシダさんのケガはすり傷にとどまらず、腕を骨折していたのです。この会話場面のナカジマくんの説明をもう一度、見てみましょう。「えっとね。手から落ちて、すりむいて血が出て、痛い痛いって」と言っています。「手から落ちた」というのは事実でしょう。また、すり傷もできていたかもしれません。しかし、そのあとの「痛い痛いって」というのが、どの程度の深刻さなのか予測が難しいところです。すり傷は目に見える外傷ですが、骨折は目に見えません。時間が経てば腫れてくるので、目に見えるようになると思いますが、落ちた直後だと「痛い痛い」という主観的な表現にとどまるのは仕方がないことです。

さらに、この会話場面では、教師がナカジマくんに「保健室に連れて行ってあげて」と指示をしたあと、ナカジマくんは「でも、痛いって……」のように、教師の指示に不満を示し、反論しています。ナカジマくんはヨシダさんの痛がりようを見てきたので、骨折かどうかまではわからなくとも、「保健室に行って済むようなケガではないのではないか」ということは感じていたのでしょう。この場合、処置は早いほうがよいのはもちろんのことですが、教師はこうした子どもの出すシグナルを敏感に察知し、真意を推察することも求められます。

ただ、子どもの言ったことを常に真に受けて、すぐに飛んでいくのがいつもよい教師であるという保証はありません。すぐに飛んでいくというのは、裏を返せばいま自分が受け持っている場所を放置することでもあります。子どもの説明を真意まで含めて推察しながら聞き、その場を離れることが適切であるかどうかまでを冷静に考えて行動する教師こそ、優れた教師と言えるでしょう。

コラム 8 「言われたこと」の真意を推し量る

言語学の一分野として語用論（Pragmatics）という分野があります【1】。語用論の研究は多岐に渡り、その定義は多くの研究者間でも一致しないことがありますが、共通している点があるとすれば、「コミュニケーションは文法的な知識のみによっては達成できない」という考え方です。

例えば、映画館に行って席を探しているときに、空席に荷物が置いてあるのを見て、「すみません、ここ空いてますか？」と尋ねたとします。一般的な反応としては、「あっ、どうぞ（と言って荷物をどける）」や、「すみません、友達がいるので……」などでしょう。文法的に正しいからといって、「はい、空いています」や「いいえ、空いていません」と答える人はいません。つまり、「すみません、ここ空いてますか？」という問いには、「空いているなら座りたい」という意思表明や、「荷物をどけてもらえますか」といった依頼という言外の意味が含まれているのです。

語用論研究の祖であるグライスは、こうした会話における言外の意味を「会話の含意（conversational implicature）」と呼びました【2】。グライスは会話の含意が生じる原理として、「量の公理」、「質の公理」、「関係の公理」、「様態の公理」の四つからなる「協調の原理（cooperative principle）」に基づいて会話はおこなわれると述べました。特に重要なのは「関係の公理」で、「関連のないことは言わない」つまり、ざっくばらんに言うと、「相手が言っていることには、何らかの意味があるのではないか」と推し量ることです。先ほどの映画館の例で考えてみると、「全く見知らぬ人が、自分が座席の上に置いてある荷物を指さして、空いているか空いていないかという客観的事実を問うているだけのはずがない。何か意味があるはずだ」という推論を働かせ、「ああ、そうか。きっと空席を探していて、座りたいのだな」と判断し、席を空けたり謝ったりするわけです。

教室でのコミュニケーションでも、子どもたちは教師の指示や問いから推論を働かせ、適切に行動したり応答したりすることが求められます。これは子どもたちにとって、そんなに簡単なことではありません。ときには失敗することもあるでしょう。教室でのコミュニケーションを足がかりに、日常生活におけるコミュニケーションでも適切な言語行動ができるようになるために、子どもたちの推論の力を高めるように指導していく必要があります。

【1】三宅和子 2005「語用論」日本語教育学会(編)『新版日本語教育事典』大修館書店、pp. 315-316

【2】Grice, H.P. 1989 *Studies in the Way of Words*, Cambridge, MA：Harvard University Press.［清塚邦彦(訳) 1998『論理と会話』勁草書房］

11 説明のワザ 間違いを先回りして指導する

《2年算数》

教　師　：これは「ミリリットル」ですね。言える？　「ミリリリリットル」にならないようにね。
子どもたち：(笑)
タカハラくん：「ミリリリットル」だって。
教　師　：そう。「ミリリリットル」、あれなんか一つ多かったぞ、みたいな。
子どもたち：(笑)
教　師　：はい。「ミリリットル」。
子どもたち：(みんなで声を揃えて)「ミリリットル」。
教　師　：言えたね。では、練習。「ミリリットル」を3回言ってごらん。
子どもたち：「ミリリットル、ミリリットル、ミリリットル」。
教　師　：はい、ちゃんと言えるようになりましたね。ラリルレロの発音って難しいからね、練習しないとだめだぞ。

言い間違いは大人もする

私たちの日常生活では、様々な種類の言い間違いが起こります。中でもよく起こるのは入れ替わりで、例えば「コーナーをカーブしたところで」が「カーブをコーナーしたところで」のように語の位置が入れ替わる場合、「学校給食」が「がっきゅうこうしょく」のように形態素（意味を持つ最小の言語単位）が入れ替わる場合、さらには「エレベーター」が「エベレーター」のように一音だけが入れ替わる場合などです。

最後の「エベレーター」については、「お薬」を「おすくり」、「テレビ」を「テベリ」のように、就学前の幼児に多い言い間違いですが、大人でもよく「ひとさわがせ」を「ひとさがわせ」と言い間違えることがあるように、言い間違いは子どもだけがするのではなく、大人もするものであるということがわかります。このような一音の入れ替わり現象を「音位転倒」と名付け、言語学的に分析する研究者もいるほどです[1]。

しかしながら、こうした音位転倒に対しては、幼児特有の言い間違いのイメージが強いことから、子どもが言い間違いをすると、大げさに冷やかしの対象となってしまうことが多くあります。「言い間違いは幼児特有のものではない」ということ、つまり「言い間違いは大人もする」ということは、教師のみなさんには是非、念頭に置いていていただきたいことです。

子どもにとっての言い間違い

言い間違いは本人が気づいて修正する場合もあれば、気づかずにそのままになる場合もあり、もっと言えば長い期間にわたって間違って覚えたままになっているというものもあります。いずれの場合も、間違った本人が慌てて、周囲が笑うという図式になります。大人社会であれば、ちょっとした言い間違いは笑いの種になるぐらいで、すぐに忘れ去られますが、子どもにとってクラスメイトや教師に笑われることは心の傷になり、「人前で話したくない」という消極性の原因にもなります。「たかが言い間違い」というのは楽観的で、先ほども述べたように、「言い間違いは幼児特有のものだ」という偏見のもとに笑われることは、子どもにとって深い傷となりかねません。

繰り返しになりますが、言い間違いは大人もするものであるということはもちろん、周りにとってはおかしくても、本人にとっては故意でないだけ余計に、笑われることのショックは大きいということを知っておきたいところです。

間違いを正すのが教育か？

この会話場面では、「ミリリットル」を「ミリリットル」に言い間違えないようにという先回りの指導をしています。これまで述べてきたように、子どもにとって言い間違いによって笑われるショックは大きいです。それだけに、それを先回りして指導するということは、言い間違いを未然に防ぐということであり、重要な指導であると思います。それには、子どもの言い間違いについて多くのパターンを知り、「こうなりやすいよね」ということを示す必要があります。言い間違いに関して言えば、子どもの言い間違いに気づいた場合、そこであからさまに指摘して恥をかかせるというよりも、その場では敢えて聞き流し、そして今後の蓄積としてメモをしておくことが望ましいところです。

また一方で、「子どもに間違えさせて、それを訂正することで反省を促して指導するという方法もあるのでは？」という考えもあるかもしれません。しかし、これまで述べてきたように、言い間違いに関しては、間違えた子どもを幼児になぞらえて馬鹿にする雰囲気があるとすれば、間違えさせるという指導はあまりに残酷です。

間違いを正すことこそ教育だという考えは是正されるべきだと思います。可能であるならば、先回りをして子どもに恥をかかせない指導が望ましいですし、この会話例のような指導で「言い間違いをすることもある」という雰囲気を作っていれば、言い間違いをしたとしても、「ありゃ、やっぱり間違えちゃった」で済むと思います。言い間違いだけを過度に特別視する必要はありませんが、現場の教育においては、子どもに負荷をかけないことを第一に考えたいものです。

【1】寺尾康 2002『言い間違いはどうして起こる?』岩波書店

12 理由を問うことの大切さ

《6年算数》

教　師：(円の4分の1の扇形を指さして) どうやって面積を求めればいいかな?

キザキさん：「半径×半径×3.14」を4で割ります。

教　師：うん、そうですね。じゃあ、ここでもう一つ質問です。なぜ4で割るんでしょう?

キザキさん：その図 (扇形) は円の4分の1だからです。

教　師：確かにそう見えるね。でも、どうして4分の1とわかるんですか。

キザキさん：(答えに詰まる)

教　師：(しばらく待つ)

キザキさん：わかりません。

教　師：そうですか。では、座ってください。他に答えられる人はいますか?

イカワくん：はい (挙手)。

教　師　：イカワくん、どうぞ。
イカワくん：はい。角が90度になっているからです。
ヨシダさん：あー！
イソジマさん：そう言えばよかったのかー。
タカハラくん：なるほど。
イカワくん：円の内角は360度だから、それを４で割ったら90度になります。
教　師　：はい。そのとおりですね。素晴らしい。このあたりの理屈がしっかりわかってないと、本当にわかったことにはなりません。「４で割ったらいいんです」だけでは本当にわかったことにはならないんですよ。

当たり前のことを問い直す

授業で扱う内容は、どうしても一問一答的なものになりがちで、「とりあえず問題が解ければよい」ということになってしまうことが多いようです。もちろん、問題の形式に習熟し、スラスラと解けるようになることも大切なことです。しかし、子どもたちとコミュニケーションを交わし、進めていく授業で、一問一答に終始するのではもったいないでしょう。

この会話場面の扇形の面積の求め方でも、基本的には「円の４分の１を求める」ということがわかっていれば問題ありません。しかし、「どうして4分の1なのか」という至極、当たり前のことでも子どもたちは問われると詰まってしまいますし、逆に考えてその結果がわかれば「ほー、なるほど」と記憶に刻まれるものです。これは算数に限らず、あらゆる教科で言えることですが、単なる問題の解き方から、さらにもう一歩踏み込んで、当たり前のことを問い直すことで、授業の中で子どもたちと一緒に真理を探る機会を持って欲しいと思います。

考える子どもを育てる

子どもたちに考える機会を与えるというのは非常に大切なことです。問題が解けるということももちろん大切ですが、「どうしてなのか」という理由を問うことによって、子どもたちを立ち止まらせて考える機会を与えること、そして教師が思考の道案内役となって、考える子どもを導き、育てていくことも学校教育の重要な役割です。そして、その道案内の技術こそ、教師のコトバによる腕の見せ所です。

先ほど見たように、この会話場面では、「どうして4分の1とわかるんですか」という問いが、「当たり前のことを問い直す」ことになっています。「見たらわかる」と答えて思考を止めてしまう子どももいる中で、改めて「どうしてそうなるか」をみんなで考えることが大切です。

さて、今回取り上げた場面では、イカワくんがすぐに答えを示してくれていますが、もし誰も答えられなかったらどうすればいいでしょうか。この問いであれば、教師が答えを示すことは難しくありませんが、教師はここで答えをすぐに示すべきではないでしょう。まずは「ケーキを四つに切るとき、等しく分けるには何を基準にするのか？」など、子どもたちが答えにたどり着くように、ヒントを小出しにしていき、スモールステップを順に踏ませて答えへと導きましょう。繰り返しになりますが、教師は思考の道案内役なのです（参照第3部⑮項）。

教師も当たり前を疑ってみる

そのためにも、教師はまず教科内容に潜む「当たり前」をどんどん疑っていく必要があります。当たり前のことを考えるという世界に一歩踏み込むと、その理由をいろいろと推理することはできるけれども、実際のところよくわからないということもあるでしょう。例えば、「空はなぜ青いのか」や「リモコンのボタンを押すとどうしてテレビがつくのか」などは、正解がないわけではありませんが、科学的にはやや難解で、小学生に理解できる説明は難しいかもしれません。国語や社会(特に歴史)などでは、そもそも思想の問題であって、正解などないという「当たり前」も多々あることでしょう。

このように、「当たり前」を疑ってみると、学習課題は次々に見つかります。「当たり前」を考え直すヒントは教科書の手引きなどにもあります。しかし、手引きに書かれたことをそのまま子どもたちに課すのではなく、考え直してみることで、「これをやると子どもたちのどういう力が育つのだろう」という疑問や、「そもそも私たちの日常生活で、こういうことは必要とされているのだろうか」のような考えに及ぶこともあるかもしれません。

「教科書を教える」のではなく、「教科書で教える」のだということは、よく言われることです。教科書をそのまま受け止めるのではなく、教師も「当たり前」を疑ってみるという視点で教科書を見ることによって、「教科書で教える」ということへの手がかりが得られるのではないでしょうか。

13 例える技術

《4年算数》

教　師　：今日は面積の勉強をします。
子どもたち：はーい。
教　師　：よくテレビなんかで、「この畑の広さは、なんと東京ドーム20個分です」とか言っているけど、イメージできる？
トマリくん：うーん、わかったようなわからないような。
教　師　：そうですよねえ。そう思って今日、先生はもとになる東京ドームの広さを別のものに例えて考えてみたいと思います。例えば、25ｍプールだったらいくつぐらいかな？
イケハラさん：えーと。どれくらいかな。100個くらい！
教　師　：ホームページで調べてみると、東京ドームは、4万6755平方メートルだそうです。一般的な25ｍプールは「25ｍ×15ｍ」ですから375平方メートルです。
イケハラさん：へえ。ということは？
教　師　：「4万6755÷375」ですから、125個分ぐらいですね。

イケハラさん：あ、なかなか惜しいところだった。
教　師：このように面積というのは、数字だけではピンとこないところがあります。そこで、みなさんにも広さを例えて実感して欲しいと思います。
子どもたち：はーい。できるかな。
教　師：では、1平方センチメートルを例えると？
オオマエくん：ノートの1マスです。
教　師：「1㎝×1㎝」のマス目だね。じゃあ、1平方メートルを例えると？
ナカザワさん：えーと。窓ガラスぐらいの大きさです。
教　師：なるほど。あの窓ぐらいかな？

イメージを実感させるワザ

教師が子どもたちに何かを説明するとき、例えるという説明のワザは欠かせません。この会話場面では、教師は「東京ドームは、25ｍプール何個分か」という例え話で、広さを例えて実感することの意義について話しています。

例え話というのは、非常に幅が広く、この会話場面で挙げたような具体的に例えるということもあれば、抽象的な例え話もあります。ここではまず、具体的な例えについて考えてみましょう。具体的な例えのポイントはイメージを共有し、実感させることにあります。

この会話場面では広さですが、それ以外にも五感（視覚・聴覚・嗅覚・味覚・触覚）に関するものであれば、何でも具体的な例えの対象になります。例えば、広さというのは五感に関係なさそうですが、「見渡す限りの畑」というような表現があるように、視覚でとらえきれない広さを例えるということは昔からおこなわれてきました。また、音に関しても、大きな音を「町中に響き渡る音」という例えなどがあります。

こうした例えは、「イメージを実感させるワザは文面や数字だけ」という教科書や知識に限られた世界を、子どもたちの身近な「知っている」ものに結び付けて実感させるというものです。特に数字のマジックを打ち破るには、例えは効果的です。例えば、「95％の正確さ！」という宣伝文句を見ると、「おお、ほとんど間違えないんだ」と感じてしまうかもしれませんが、「400字詰め原稿用紙で、20字も誤字がある」ということを思い浮かべると、「それは間違えすぎでしょ」というイメージを実感できるのではないでしょうか。

教師の例え話

教師の例え話は、具体的な例えばかりではありません。むしろ、何かを説明しようとするとき、考え方や教訓などを伝えようとするときには、抽象的な例え話を使うことが多いでしょう。

例えば、「周りの人に優しくしましょう」という説明をするときに「自分を犠牲にしてでも、周囲の人のために尽くしましょう」と言っても、学年にもよりますが、ピンとこないかもしれません。そんなときに「鶴の恩返し」のような昔話を挙げて、「おつうが自分の羽根を抜いて機を織り、恩返しをした」という例え話をするといいかもしれません。昔話は考え方や教訓を例えるには使いやすい方法です。

もっと子どもたちに身近な例をということであれば、「アンパンマンが、おなかが空いた人を見かけると、自分の頭であるあんパンを分け与える」でもいいかもしれません。教育としては昔話を使った方がふさわしいと感じるかもしれませんが、例え話は子どもたちが共感してイメージを共有できるかという点が大切ですので、子どもたちに身近なものを使うということをやってみてもいいと思います。

教師の例え話を一般化するのは難しいですが、先生に限らず「話がうまい」と言われる人は、たいてい難しい話を平易に言い換える例え話のワザに長じています。しかし、もったいないことにうまい人は、半ば無意識に例え話をするので、なかなか記録に残りません。ベテランの先生方の授業を見学するときには、是非、授業の中でどのような例え話をしているのか観察し、メモを取ってみてください。

例えさせる技術

この項目のタイトルは「例える技術」ですが、実は例える技術は子どもたちにも必要です。先にも述べたように、「話がうまい」と言われる人は、難しい話を平易に言い換える例え話のワザに長じています。子どもたちも、社会に出て活躍していくためには、「話がうまい人」と思われた方が得でしょう。

例え話ができる能力となると、最も近いと感じるのは国語科の「話す・聞く」だと思いますが、国語科教育で例え話を体系的に教えているという話はあまり聞いたことがなく、「例えさせる技術」は、当面は学校生活全体を通して子どもたちに伝えていくべきものということになるでしょう。

この会話場面では、教師が「広さを例えて実感する」ということの意義を説明したあとに、子どもたちにも広さを例えてもらう問いかけをしています。身の回りの具体的なものに例えるという活動は、自分で考えるという点ではなかなか難しいものです。しかし、こうして例えてみるということは楽しいことですし、算数で学ぶことを数字の上だけではなく、自分たちの生活に沿って実感させるという意義もあります。簡単なことからで結構ですので、あらゆる教科や生活指導場面で、子どもたちに「例えさせる技術」も習得させるよう働きかけてみてください。

14

言い換える技術

《2年国語》

教　師　：だからね、こう突拍子もないことができるわけよ。
オオマエくん：トッピョウ?
教　師　：「突拍子もない」ってわかる?
オオマエくん：意味わからん。
教　師　：「素っ頓狂な」みたいな。わかる?
オオマエくん：やっぱりわからん。
教　師　：そうかぁ。あのね、「普通の人には思いつかない、とっても変わったこと」ってことよ。
子どもたち：あー。
教　師　：例えば、「どんな食べ物が好きですか?」に対して、「ヤマダ食堂の三角物語定食」とか。
トマリくん：なにそれ（笑）。
教　師　：なー、わからんでしょ? 予想を裏切るよね。普通は「カレーライス」とかでしょ。

子どもたち：なるほどー。
教　師　：こういうのが「突拍子もない」ってこと。

言い換えて説明するということ

教科を問わず、教師が説明している中で、子どもたちが理解できない語が出てくることはよくあります。そんなとき、教師はその語がどういう意味かを子どもたちにわかるように説明することになるわけですが、こうした「語の説明方法」については、教員養成の過程や教員研修などで体系的に習うことがありません。基本的に教師の経験に任されていると言えます。

もちろん、教師個人の知識や教養、そして経験に依る部分が大きいことは否定できませんが、それでも「言い換えて説明する」とはどういうことかということについて、知識を持っておく必要はあるでしょう。語の意味を教えるとは、子どもたちの既知の世界を広げることを意味するとも言えますので、教師にとって非常に根幹的で重要な素養だと思われます。

語のレベルで言い換える

まず、この会話場面では「突拍子もない」を説明するために、「素っ頓狂な」という語に言い換えて提示をしています。「突拍子もない」と「素っ頓狂な」のどちらの方が易しいかといわれると判断が難しいところですが、直観的にあまり易しく言い換えられているとは思えません。この会話場面でも、「素っ頓狂な」では「やっぱりわからん」という子どもの反応が返ってきています。

語のレベルで言い換えるには、「説明される語」に対して、「説明する語」が相対的に易しい、もしくは身近でなければ効果が望めません。例えば、「厠」を「トイレ」と言い換えればすぐにわかるでしょう。このような語のレベルでの言い換えをするためには、教師の語彙が豊富であること、すなわち広い分野への興味を持ち、教養を積むことが望まれます。

句や文のレベルに言い換える

一方で、語レベル同士での言い換えで解決することは、それほど頻度が高いわけではありません。この会話場面では、語のレベルでの言い換えが不発に終わったので、「普通の人には思いつかない、とっても変わったこと」と句のレベルで言い換えています。実はこのレベルで言い換えると、問題が解決することが多いのです。語のレベルでちょうどいい言い換えがなかったとしても、句や文のレベルで説明できるのであれば、むしろその方が子どもたちの理解の促進という点では適切な言い換えになるのです。

このような句や文のレベルでの言い換えにも、教師の幅広い知識は欠かせませんが、単に対応する語を知っていればよいかと言えばそうではなく、より柔軟な考え方を持っていること、複数の視点から物ごとを見られることなどが役に立ちます。例えば、「ご明察」という語を説明するとしましょう。この語を句や文のレベルで言い換えるときのポイントは、「いつ、どんな場面で、誰が、どのようにして使うのか」という視点です。「いつ」は「相手の答えを聞いたとき」、「どんな場面で」はクイズ番組や推理小説など、「誰が」はクイズ番組の司会者や探偵、「どのようにして使うのか」は「相手の答えや考えをほめるために使う」といった感じです。さらには、話し言葉か書き言葉か、堅い言い方か柔らかい言い方かなどの視点もあるでしょう。こうした言い換えのワザは、子どもたちにとっても必要な素養です。

例え話に置き換える

言い換えとは少し異なりますが、例を挙げるのも語の意味を説明するために必要な教師のワザです（参照第３部⓭項）。この会話場面では、「どんな食べ物が好きですか?」に対して、「ヤマダ食堂の三角物語定食」という「予想を裏切る」例を挙げ、「突拍子もない」について説明しています。これはいわば、「普通の人には思いつかない、とっても変わったこと」という句のレベルの言い換えを実践したと言えます。単語の意味の説明に限らず、適切な例え話は子どもの理解の促進に欠かせません。

このように、納得できるだけでなく、なおかつ面白い例え話ができるようになるためにも、教師の幅広い教養は不可欠です。しかし、それ以上に子どもたちの目線で考えるということが大切になってきます。せっかくの例え話も、子どもたちが理解できないものであったとしたら全くの空振りに終わってしまいます。これは学習指導要領でも強調される相手意識や目的意識ということとの関係が深いと言えます。その意味で、例え話を子どもに考えさせるということも一つの方法かもしれません。

15 教師は最後の最後まで答えを言わない

《2年算数》

教　師：小さな入れ物には、7デシリットル入ります。この小さな入れ物を使って、20デシリットルの入れ物があふれないように水を測って入れたいと思います。何杯入れたらいいかな。

子どもたち：えー、絶対無理。

教　師：そう？　絶対に無理？

子どもたち：うん、あふれちゃう。

教　師：うん、じゃあ、ちょっと一緒に考えてみようか。みんな7の段の九九言えるよね。

子どもたち：はーい。

教　師：「7、1」が。

子どもたち：7。

教　師：「7、2」。

子どもたち：14。

教　師：「7、3」。

子どもたち：21。
教　師　：ありゃ、21になっちゃったよ。
子どもたち：あふれるー。
教　師　：そうだね。1杯だったら7デシリットル。2杯だったら14デシリットル。まだ大丈夫。ところが……3杯入れたら、21デシリットルになっちゃった。
子どもたち：あふれちゃった。
教　師　：うん、そうだね。だから3杯入れちゃいけないんだよ。ってことは、とりあえず何杯までは入れて大丈夫？
子どもたち：2杯。
教　師　：そうそう。で、3杯目は満タンじゃなくて……。

プロセスの可視化

この会話場面、少し例が長くなってしまいましたが、非常に具体的なのでわかりやすいと思います。最初、子どもたちは7デシリットルの入れ物を使って水を入れると、20デシリットルの入れ物ではあふれてしまうので、「絶対無理」と答えます。大人なら「途中まで入れればいいじゃないか」とすぐに思いつく場面でも、子どもたちは「7×3＝21」を先に思い浮かべてしまいます。つまり、ここで引き出さなければいけないのは「途中まで入れる」という発想です。

さて、「途中まで入れる」という発想をどのように引き出すかですが、一番手っ取り早いけれども面白くないのが「途中まで入れたらどうでしょう」というう直接的なヒントです。これでわかる子どもはわかるでしょうし、展開も早くなるので時間は節約できますが、子どもたちの「思考のプロセス」という観点から考えると問題があります。そこで、この会話場面では九九を使って、積み上げ式で思考のプロセスを可視化します。

こうしたプロセスの可視化という概念は、教師のワザとして非常に重要な要素で、算数以外の授業でも応用可能な発想でしょう。

最後は子どもに答えてもらう

さて、ここで指摘しておきたいのは、「意地でも子どもに答えを言わせる」ということ、すなわち「教師は最後の最後まで答えを言わない」ことです。まず、九九を読み上げる場面でも、教師が「7、1が」と言い差しをして、そのあと、子どもに「7」と答えさせています。こうした言い差しを使って、子どもたち自身に必要な答えを言わせるのもワザですね。

そして、重要なポイントは最後の部分です。「1杯だったら7デシリットル」、「2杯だったら14デシリットル」と続け、「3杯入れたら、21デシリットルになっちゃった」と、積み上げていって限界を示します。そして、「21デシリットルになっちゃった」がどういうことかを考えさせるために、子どもに「あふれちゃった」と言い換えをさせています。「なっちゃった」と「あふれちゃった」では大して変わらないと思うかもしれませんが、子どもたち自身が自分の意志で何が起きているのかを解釈し、答えることは非常に大切なことです。さらに、教師は「ってことは、とりあえず何杯までは入れて大丈夫？」と問いかけ、最終的な答えの「2杯」も子どもに答えさせています。

ヒントとスモールステップ

授業における問いは、非常に特殊なコミュニケーションの形です。日常生活であれば、質問があるから話し手が聞く側になるはずですが、授業における発問では、話し手である教師が答えを持っています（参照第３部❹項）。しかし、教師は答えを簡単に子どもたちに示してはいけません。

この会話場面で重要なポイントは、「答えを子どもに言わせる」という点です。九九の答えも、起きたできごとの言い換えも、そして最後の答えも子どもに言わせるのが大切です。発問は話し手が答えを知っているので、いわばクイズのような形のコミュニケーションです。出題者が簡単に答えを示しては、クイズは盛り上がりません。ヒントという多数のスモールステップを用意し、子どもたちが答えに近づくように様々な工夫を凝らす必要があります。そして、ヒントにヒントを重ね、99％答えに近いことまでヒントに出しても、パズルの最後の最後の1ピースは子ども自身の手ではめてもらうのです。

従来、日本の学校教育の授業は受身的であると言われてきました。また、社会に出ると、いかに学力的には優秀であったとしても、自分から行動ができない「指示待ち世代」などという表現も生まれました。子どもたちはなぜ指示を待つのでしょうか。それは黙っていれば誰かが答えてくれる、恥をかかなくて済むという受身の態度からくると思われます。もし、学校教育がそれを助長しているのであれば残念なことです。どんなにヒントを与え、スモールステップを踏ませるにしても、最後の最後は自分でしっかりと答えさせる授業。それこそが、子どもに自信を持たせ、充実感を与える教師のコミュニケーションと言えるでしょう。

コラム 9 教室でのコミュニケーションの研究

本書は学校教育における教室でのコミュニケーションを題材にしており、ときには日常会話との対比において、教室におけるコミュニケーションについて説明をしています。日常会話と対比される概念は、教師と児童による教室談話ばかりではありません。病院における医者と患者、裁判における裁判官と弁護人など、何らかの社会制度の中でおこなわれるやりとりは、制度的談話（institutional discourse）と呼ばれています。教室談話は、この一つのバリエーションに過ぎません【1】。

しかしながら、教室談話の研究は、話し言葉の談話研究に大きな影響を与えてきました。中でも最も注目されたのは、メーハンのIRE構造です【2】。メーハンは教室談話の基本構造を「教師の働きかけ（Initiation）―応答（Reply／Response）―評価（Evaluation）」という3種類の発話の連鎖からなるとしました。「教師：三角形のここは？（教師の働きかけ）」、「児童：頂点です（応答）」、「教師：よろしい（評価）」という教室談話の基本構造は、教室におけるコミュニケーション、すなわち言語的相互行為の特徴を描くものとして談話研究に大きな影響を与えました。確かに本書でも、IRE構造に基づくと思われる教室談話を取り上げている比率が高いと言えます。

また、外国人に対する日本語教育でも教室談話研究は進められており、教師の話し方の特徴として、学習者の言語能力に応じて語彙や文法をコントロールしたティーチャートークについても様々な研究がなされてきました。ティーチャートークは学習を支援するための調整として、プラスの側面が強調されてきました。その一方でティーチャートークにだけ慣れた学習者は、社会で一般的な日本人と会話することが困難に感じるという報告も出てきました。この事実は、ティーチャートークによる調整の配慮が、学習者から自然な日本語を習得する学習機会を奪ってしまうという皮肉な結果につながることを示唆しています。

本書では、教師が子どもたちの言語モデルとなるべく、まずは教師自身が自分のコミュニケーションをモニターすることを勧めています。しかし、その先には、目先のわかりやすさだけにとらわれると、かえって自然な会話との乖離が進む可能性もあるのです。不自然に子ども目線に合わせた話し方が、よい教師の発話であるとは限らないという点に注意が必要です。

【1】岡本能里子 2005「教室談話」日本語教育学会(編)『新版日本語教育事典』大修館書店、pp. 344-345

【2】Mehan, H. 1979 *Learning Lessons : Social organization in the classroom*, Cambridge, MA : Harvard University Press.

16 評価のワザ 自分の感情を表現して評価に代える

《2年算数》
（計算問題の答え合わせをしている場面）
教　師　：はい、じゃあ次は3番にいきましょうか。
子どもたち：はーい。
教　師　：1リットルは10デシリットル、これ全員できていました。
子どもたち：おおー。
教　師　：先生嬉しかった。昨日、何回もやったもんね。ここ間違えられると悲しいな。
子どもたち：（笑）。

コミュニケーションにおける評価

評価と聞くと、真っ先にテストなどの客観的評価が思い浮かびますが、それは評価のある一側面に過ぎません。私たちの日常のコミュニケーションにおいても、相手の言動などを常に観察し、評価するということは、当たり前のようにおこなっていることです。「なかなか面白いことを言うねえ」なんていうのも、評価の一側面であるというわけです。

さて、私たちの日本語社会では、コミュニケーションでの評価において「目下の人は目上の人を評価してはいけない」というルールがあるようです。子どもたちが先生に「今日の授業は上手だったよ」と言ったり、部下か上司に「部長ってなかなか仕事速いですね」と言ったりするのには違和感を持つ人もいると思います。もちろん、寛大な先生や上司であれば気にしないということもあり得ますが、あまり危ない橋を渡る(渡らせる)こともないでしょう。

感情を表現することで評価に換える

では、目下の人は絶対に目上の人の評価ができないのでしょうか。もちろん、そんなことはありません。子どもたちが先生に「今日の授業は面白かったー!」と言ったり、部下が上司に「部長ってすごく仕事が速いですねー!」と言ったりというように、目下の人が目上の人を評価する代わりに勝手に感激してしまえば問題は生じません。いわば、感情を表現することで評価に代えるのです。

感情を表現することは個人の主観を述べることですから、自由度の高い(制限の少ない)コミュニケーション行動だと言えます。そして、その感情表現が結果として相手への間接的な評価になり得ることがあります。他にも「すごーい」、「へえー」、「なるほどー」など、教師や子どもがよく使う表現も評価として教室にはあふれています。このように考えると、コミュニケーションとは評価の連続であるとも言えます。

教師と子どもたちの距離を縮める

ところで、この会話場面では、子どもから先生に対してではなく、先生から子どもに対して感情を表現することで評価に代えています。もちろん、先生が子どもたちに「難しい問題なのによくできたね」と評価したり、上司が部下に「君はなかなか仕事が速いな」と評価したりするというのは一般的には問題ありません。

しかし、評価という営みには、どうしても目上から目下への行為を連想させます。なぜなら、評価とは権力を持つ側が、権力を持たない側の能力を値踏みする行為であると思われているからです。例えば、入社試験における面接などが当てはまります。教室においても、教師が目上、子どもが目下という典型的な関係を想定すると、教師と子どもの間に「評価する側とされる側」という壁を作るコミュニケーションを想起させます。日本社会においては、単に壁があるだけではなく、「目下の人は目上の人を評価してはいけない」というルールがあるため、文化的にも「評価とは目上から目下への行為」という傾向は強いと言えます。

そこで、教師が典型的な評価を避け、「嬉しかった」や「悲しいな」という感情に置き換えて言葉がけをすることの意味が見えてきます。それは、「評価する側とされる側」という壁を取り払い、先生と子どもたちの距離も縮める方法として機能するということなのです。

17 ほめる理由を明示する

《４年算数》

教　師：素晴らしい！　意見だけじゃなく、理由まで説明してくれましたね。いまのナカジマくんの説明を聞いて「わかった」っていう人いる？

ミヤザワくん：はい。（挙手）

教　師：ミヤザワくんがわかった。

タカハラくん：（挙手）

教　師：おお、タカハラくんもわかった。キザキさんも。

子どもたち：（大多数が挙手）

教　師：ああ、イカワくんも。わかった人、いっぱいいたね。ナカジマくんが理由まできちんと説明してくれたから、これだけの人がわかったんだね。

わかった人に手を挙げさせるという非常にありふれた場面ですが、ここにも教師のワザが埋め込まれています。「素晴らしい！」とほめることはもちろん大切なことですが、ここでは「意見だけじゃなく、理由まで説明してくれましたね」と、「どうしてほめるのか」という理由を明示しています。実はこの点はかなり重要なポイントです。

ほめる理由を明示する

教育では「ほめて伸ばそう」というのはよく言われることですが、やみくもにほめても仕方ないのです。もちろん、ささいなことでも拾い上げてほめることによって、子どものモチベーションは上がりますが、一方で、「ほめの安売り」をしてしまうと、「また言ってるよ」となってしまい、いわば口ぐせのようにとらえられてしまいます。

そうならないようにするための一つの方法として、冒頭に挙げた「ほめる理由を明示する」というワザがあります。ほめる理由を明示することによって、ほめられた学生の自己評価を高めることができ、「ほめの安売り」にならずに済みます。さらに、「ほめる理由を明示する」ことは、教師の評価基準を明示することにもなります。つまり、「なるほどああいうふうに答えたらほめられるんだ」と他の子どもに例を示すことになるわけです。

教師が「こういうふうに言ったらほめますよ」と言うのは興ざめですし、具体的な例が伴っていないと、ピンときにくいこともあります。しかし、ある子どもの発言に対して、「この点がよかったですね」と理由を明示することは、他の子どもに対しても、具体的な例に即して教師の評価基準を示すことになるのです。

この会話場面では、最後のところで「ナカジマくんが理由まできちんと説明してくれたから、これだけの人がわかったんだね」と締めくくられています。これも、多くの人が「わかった」という事実を使って、もう一度、発言者をほめています。多くの人が「わかった」ということは、多くの他者に影響を与えたということであり、それを理由に「ほめる」ことは、「ほめる理由を明示する」ことに他なりません。

子どもの名前を呼ぶことの効用

さらにこの会話場面にはもう一つポイントがあります。それは、手を挙げた子どもに対して、「ミヤザワくんがわかった」のように発言していることです。そんなの、見たままじゃないかと思うかもしれません。しかし、子どもの名前を呼ぶということは、子ども一人ひとりにスポットを当てるワザなのです。「みんな」の中に埋もれてしまいがちなところ、名前を呼んでスポットを当てられることは、子どもにとって思いのほか嬉しいことなのです。名前を呼んでもらえれば、子どもたちも「自分が授業に参加している」という実感を持てるというものです。

教師にとって、手を挙げてくれた子どもはみんな意欲を持っているのですから、指名して発言させてあげたいという気持ちはあるでしょう。しかし、時間的な制約があることも否めません。そこで、名前を呼ぶことは、彼らの「思い」をくみ上げるという方法であるとも言えます。例えば、「ミヤザワくんがわかった」以外の方法として、「いい方法を思いついた人？」のような発問に対して、順番に「ああ、Ａくんも、Ｂさんも、Ｃさんもいい方法を思いついたんだね」と声をかけておき、「みんなの名案を是非、聞きたいんだけど、時間がないから、代表してＢさんの意見を聞こうかな」とフォローする方法もあります。さらに、「いまからＢさんに発表してもらいますが、みなさんも自分の考えとどこが同じで、どこがちがうかよく注意して聞いてみましょうね」と指示しておけば、主体的に友達の意見を聞く姿勢を作ることもできます。

18 相互に「ほめる」ことを促す

《3年理科》

教　師　：はい、それでは、いまのイビくんの説明を聞いてわかった人（挙手）。

トマリくん：はい（挙手）。

子どもたち：（複数挙手）

教　師　：おお、いっぱい手が挙がったね。（最初に手を挙げたトマリくんに対して）わかりやすかった？

トマリくん：（挙手しながら）イビくんの説明はわかった。

教　師　：なるほど。

教　師　：手を下ろしてください。

オオマエくん：僕もイビくんのでわかった。

教　師　：そうですか。それはよかった。

まずは判断しやすい評価を学習者にゆだねる

教師は子どもの発言を評価する必要があります。発言がよかったときは、ほめるといいわけですが、いつも同じようにほめるよりも、ちょっと別の方法を考えてみるのもいいでしょう。その方法の一つが、子どもたちが相互にほめることを促すというものです。子どもがよい発言をしたとき、教師はすぐにほめたくなりますが、その発言は誰が聞いてもわかりやすく、納得できる発言であった場合は、すぐにほめるのではなく、この会話場面の、「〇〇くんの説明／意見を聞いてわかった人?」のように、子どもに評価をゆだねるのです。この会話場面では、多くの手が挙がったあとに、手を挙げた子どもたち全員に「わかりやすかった?」と尋ねることで、発表したイビくんへの「わかった」という評価を引き出しています。

教師にとっても難しい評価を学習者にゆだねる

さらに言えば、教師にとっても評価が難しいときに、子どもたちに評価をゆだねてみるという方法もあります。いつもよい評価をするときばかりに子どもたちに評価をゆだねるのでは、「ああ、こういうパターンだと、だいたい『いい』って言ってればいいんだな」のように評価が形骸化してしまう恐れもあるからです。一方で、子どもの発言というのは、教師にとっても評価が難しく判断が分かれるところなので、子どもたちから様々な意見が出るでしょう。その場合、最初に発言した子どもに対しては、「〇〇くんの発言が、みんなのいろいろな考えを引き出すきっかけになったね」のように、多様性を引き出すきっかけになった部分を評価するとよいと思います。

大切なのは、教師が直接にほめるのではなく、子どもたちがお互いに「わかった」という評価を与え合うことです。評価を与え合うことで、子どもたちの自信を向上させ、満足度を上げることができるのです。もちろん、教師がほめても自信の向上にはつながるのですが、クラスという集団の中で、友達に貢献できたという満足感は、教師にほめられるのとはまた違った満足感につながります。

発言しやすい学級作り

ただ、学習者相互に評価をゆだねることができるようにするには、普段からの学級作りが重要であることは言うまでもありません。学年が上がると恥ずかしさが先立つようになり、消極的になりがちです。しかし、学級作り次第では、学年が上がっても、子どもたちが発言しやすい教室を作ることはできます。

では、発言しやすい教室を作るにはどうすればいいのでしょうか。それは、教師が子どもの発言を尊重し、安易に否定しないことが基本でしょう。もちろん、子どもたちに厳しいことを言ってはいけない、言いなりになりましょうなどと言っているのではありません。ときには、はっきりと否定することも大切です。しかし、子どもが勇気を振り絞って自分の意見を述べたとき、その意見を安易に切り捨ててしまわず、「なるほど、そういう考え方もありますね」とうまく拾い上げて欲しいと思います。

子どもが自分から意見を言わなくなるのには多くの理由があります。その一つは、自分の意見が「間違っている」と却下されることですし、他にも、手を挙げたのに当ててもらえないし、何の反応もしてもらえないということもあるかもしれません。前者については、「繰り返し」によって保留するというワザ（参照第3部⑲項）もありますし、後者については「名前だけでも呼ぶ」というワザ（参照第3部⑰項）もあります。こうしたワザを駆使して、子どもたちが手を挙げたくなる学級作りをしていきましょう。

そして、発言しやすく、子どもたちが手を挙げたくなる学級作りは、気兼ねなく相互評価しあえる教室の基礎であり、評価において極めて重要なポイントなのです。

19

繰り返しによる評価の保留

《3年国語》
教　師　：では，「なにが最も大切か」ということについて他に意見がある人はいますか。
イソジマさん：はい。
教　師　：はい，イソジマさん（指名する）。
イソジマさん：命です。
教　師　：命，うーん。命ですか。
イソジマさん：はい。
教　師　：それだけですか？　もう少し詳しく説明してくれますか。
イソジマさん：えーと，「なにが最も大切か」ということについては，様々な意見があると思いますが，私は特に命を守るという視点が大切だと思います。
教　師　：おお，なるほど。「命を守るという視点」が最も大事。そういうことですね。
イソジマさん：はい。

教　師：確かにそうですね。素晴らしい。堂々と意見が言えましたね。みなさん、拍手。

繰り返しで評価を保留する

子どもたちの発言に対して、教師は評価をしなければいけません。そして、子どもたちはいつも正解を言えるとは限りません。そのときに教師はどう反応すべきでしょうか。もちろん、明らかな誤りについては「違います」と答えることも必要です。しかし、このように、「考え」や「意見」を述べる場面では、安易に教師の考える正解を押しつけるのは適切な方法ではありません。

この場面では、イソジマさんの「命」という意見は、教師にとって必ずしも満足のいく意見ではなかったようです。しかし、ここで「違います」と断定してしまうのではなく、教師は「命、うーん。命ですか」と、子どもの意見を繰り返すことで評価を保留しています。子どもは手を挙げて指名されてから発言するときには大変、緊張しています。思っているとおりに言えなかったり、言葉足らずになったりすることもあると思います。そんな第一声をつかまえて「違います」と否定してしまうと、次は手を挙げる勇気が持てなくなってしまうかもしれません。児童の発話を「繰り返す」ということの効用は、このように教師による評価を一時、保留とし、子どもにもう一度チャンスを与える方法にもなるのです。

否定の保留と具体的な賞賛のコトバ

授業においては、子どもの意見を否定することが必要な場合もあります。しかし、気をつけておきたいことは、教室において、教師は子どもに対して圧倒的に優位な立場にあるということです。圧倒的に優位な立場にある人間が、立場の弱い人間に対して大なたを振るうことは公平ではありません。大切なのは考える機会を与えることですので、否定よりも保留を優先する方が子どもたちのモチベーションを下げずに済みます。もちろん、否定しないと進まないこともありますが、その場合は、一旦は明確に否定しても、次につながる展開を与えるようにしておくことが大切です。要は否定されたあとに、子どもが絶句してしまわないように、逃げ道を用意しておきましょうということです。

一方で、教育では「ほめる」ことが非常に大切です。したがって、「なるほど」、「確かに」、「素晴らしい」など、具体的な賞賛のコトバを積極的に口にして欲しいと思います。これらのコトバは、きちんと口に出すことが大切です。思っているだけでは伝わりません。もちろん、ほめの安売りもいけませんが、価値ある発言をしたと感じた場合には、必ず具体的なコトバとして口に出してほめるようにすべきです。

繰り返しでポイントを絞る

また、「繰り返す」ことの効用は、評価の保留だけではありません。この会話場面の「命を守るという視点」のように、子どもの発言を「繰り返す」とともに「ほめる」ことで、クラスの他の子どもたちに「この部分がポイントですよ」ということを示すという効用もあります。

特にこの会話場面のイソジマさんのように、発言が長い場合には、どの部分がポイントなのか子どもたちはつかめていない場合もあります。そこで教師が評価に値するポイントを絞って「繰り返す」ことによって、「どの部分がよかったのか」を明示的に示すことになります。また、他の子どもたちに「なるほど、あの部分がポイントか」と思わせることによって、次に自分が発言するときの参考になり、モチベーションも高まります。

こうした効果は、「ほめる理由を明示する」にも近いのですが、実際は教室での子どもとのやりとりの中で、とっさに適切な「ほめる理由」がいつもすぐに思いつくとも限りません。そんなとき、理由までは思いつかなくても、子どもの意見の中で、「お、ここは素晴らしいな」という部分を繰り返してからほめることでも十分な効果があります。

20

机間巡視でほめることの効果

《5年国語》
（子どもたちが作文を書いているところを教師が見て回っている）
教　師：（ある子どもの作文を見て）なるほど。すごいですね。結論がもう出ていますよ。
教　師：……（別の子どもの作文を見て）ほんとだよね。確かにそういうことが優れているものね。
教　師：……（また別の子どもの作文を見て）「その理由から」というまとめの書き出しが素晴らしいですね。
教　師：……（またまた別の子どもの作文を見て）うん、すごい。ナカザワさんは「言葉では表現できないことも大切」と書いていています。みなさん、どういうことでしょうね。考えてみてください。

作文と机間巡視

机間巡視の重要性については、改めて説明するまでもないと思います。子どもたちの状況を把握するために、誰がどんな意見を持っているかを机間巡視で確認することは、その後の授業展開につなげるために重要です。

作文の場合、子どもたちが書く作業に時間を多く割く必要があるため、他の活動以上に机間巡視の時間を長く取ることになります。このとき、子どもたちの作文の状況を確認することや、子どもたちへ個別にアドバイスをすることももちろん大切なことです。しかし、作文の場合には、とりわけ子どもたちをほめながら机間巡視をすることにより大きな効果が得られます。

どのような種類の作文かにもよりますが、多くの場合、子どもたちは共通のテーマに沿って作文を書くことになります。つまり、ほとんど全員が似たような展開、内容になるため、比較がしやすく、相互に読み合って交流することに意義があるというわけです。ただ、相互に読み合うというのは、多くの場合は作文が完成してからということになりがちです。一度、完成させてしまうと、なかなか自分が書いた作文を書き換えるというのは難しく、交流の効果も半減しがちです。可能であれば、作文を書いている最中に交流による刺激を与えたいところです。

具体的な表現を取り上げてほめる

これを可能にするのが、作文を書いている最中の机間巡視による声かけです。この会話場面では、一つ目と二つ目の声かけは、ほめることで一般的な評価をしているに過ぎません。もちろん、子どもたちのモチベーションを上げるために、ほめることは大切です。ただ、それ以上に、三つ目と四つ目の言葉がけには意味があります。なぜなら、「その理由から」や「言葉では表現できないことも大切」といった具体的な表現に言及してほめているからです。この言葉がけにより、作文を書いている最中の他の子どもたちは、ほめられた表現と自分の作文とを比較し、自身の作文に取り込もうとするかもしれません。

作文の机間巡視の場合、子どもたちが書いている最中の具体的な表現に言及することが可能です。話し合い活動の机間巡視でももちろん可能ではあるのですが、かなり注意深く聞いていないと聞き逃します。しかし、作文であれば、リアルタイムでその場にいなくとも、フォローすることが可能です。

また、話し合い活動の中で、「これはいい表現だ」と思うものに出会ったとしても、それを教室全体に知らせようにも、話し合い活動の最中では、うるさくて教師の声も届かないでしょう。カリカリという鉛筆の音だけが響く作文の最中だからこそ、教師の言葉がけが教室中に届くのです。

作文における机間巡視は具体的な表現を取り上げてほめるという教師の活動にとって絶好の場なのです。作文に限らず、例えば算数の式の立て方など、個人の発想に基づく活動であれば、同様の効果を生むことができるでしょう。

具体的な表現を取り上げるときのほめ方

作文の具体的な表現を取り上げてほめる場合、いくつかのパターンがあります。この会話場面では、『「その理由から』というまとめの書き出しが素晴らしいですね」」については、作文の型に関する「ほめ」です。また、「問題提起がしっかりとできています」のように、具体的な表現でなくとも、抽象的な構成についてほめることもできます。つまり、モデルを示すほめ方です。これらは教師が作文を書く前にあらかじめ説明しておくこともできるわけですが、やはり実際に始めてみないとわからないこともたくさんあります。始めてみて「もっと説明をちゃんと聞いておけばよかった」と途方に暮れる子どもが、他の子どもへの「ほめ」を聞いたとき、「なるほど、そういう書き方をすればいいのか」と筆を進めたり、書き直したりする機会を得るのです。

また、この会話場面の「言葉では表現できないことも大切」は、作文の内容に関する「ほめ」です。これを聞いた子どもたちは、自身の作文について「言葉では表現できないことって何だろう?」と考えることもあるでしょうし、「他に大切なことってないかな?」のように、負けじと別のアイディアを考えようとするかもしれません。ほめることが周囲の子どもたちに対しても考えを深めるきっかけを与えることになるのです。すなわち、内容をほめるということが、考えを深めさせるほめ方になっていると言えるでしょう。

このように、机間巡視においてほめることで、作文を書いている最中に交流による刺激を与えることができるのです。そして、「静かである」という作文特有の環境でこそ、机間巡視による言葉がけが最大限の効果を発揮するのです。

コラム 10 外国人の会話能力を測るテスト

子どもたちのアウトプット、すなわち「話すこと」と「書くこと」の評価というと、「書くこと」については作文や日記などの添削のように、具体的な方法が思い浮かぶと思いますが、「話すこと」の評価となると、なかなか思い当たらないというのが現状ではないでしょうか。

外国人に対する日本語教育では、「話すこと」の能力を測定するテストとして、OPI（Oral Proficiency Interview）と呼ばれる口頭能力試験があります[1]。OPIはACTFL（米国外国語教育協会）認定の口頭能力面接試験で、テスターと呼ばれる試験官が、被験者と1対1で向き合い、面接形式で最高30分の会話をおこないます。この面接会話で得られた発話を、「機能／タスク」遂行能力、「内容／場面」処理能力、「発話の型（語・文・段落・複段落レベル）」生成能力、「正確さ（文法）」生成能力の4点で評価します。判定基準として、初級、中級、上級、超級の４段階があり、超級を除いてさらに上・中・下に下位区分されます（例えば、中級－上など）。

OPIの面接会話では、最初にウォームアップをおこない、レベルチェックへと進みます。レベルチェックでは、敢えて難しいことを聞く「突き上げ」と呼ばれる質問を繰り返し、能力を見定めようとします。イメージとしては、視力検査で、見えそうもない小さな輪を答えさせようとするようなものです。また、面接ではなく、現実の場での課題遂行能力を測るために、ロールプレイ（課題と役割を与えて模擬的に交渉させる）もおこないます（参照 コラム８）。

学校教育では、子どもたちの口頭会話能力を測るということは、まだおこなわれていないのが現状だと思います。しかし、コミュニケーション能力の育成を掲げる以上、子どもたちの口頭会話能力を測ることを放棄していいはずがありません。OPIはあくまで当該言語を母語としない外国人向けの口頭能力試験ですので、そのまま日本語を母語とする子どもたちに適用できるわけではありませんが、参考にはなるでしょう。さらには、測定しようとするだけでなく、測定した結果から、口頭会話能力をどのように伸ばしていくかという方法まで考える必要があります[2]。

現実には子どもたちが社会に出るときには、入社試験における面接などで口頭会話能力を測られることになります。そう考えると、例えば、「入社試験ではどのような口頭会話能力をどのように測っているのか」などを調査し、それを国語科教育や学校教育に応用していくという研究も進めていく必要があります。

【1】鎌田修 2005「OPI（口頭能力評価）」日本語教育学会（編）『新版日本語教育事典』大修館書店、pp. 800-801

【2】山内博之 2005『OPIの考え方に基づいた日本語教授法　―話す能力を高めるために―』ひつじ書房

おわりに

子どもたちが社会に出ていくときの一つの関門が就職活動です。日本経済団体連合会(日本経団連)が毎年おこなっている「新卒採用に関するアンケート調査」によると、採用選考時に重視する要素は、2004年卒から2012年卒まで9年連続で「コミュニケーション能力」が第1位です。進学後、最終的に就職するときに求められる能力としてコミュニケーション能力が挙げられる以上、それに対して学校教育で何とかしてあげたいという思いは、教師なら誰もが持つことでしょう。しかし、コミュニケーション能力を身につけさせるということは教科内容を指導するのとは違い、明示的には教えられません。実際、「どこでコミュニケーション力を身につけたか」という質問をいろいろな人にしてみると「アルバイトで」という答えが多く、大学生だとアルバイトに加え「留学で」、社会人だと「会社で一から」という答えも聞きます。

では、学校教育はコミュニケーション力の育成に対して無力なのでしょうか。私は決してそうではないと思います。アルバイトでも、留学でも、会社でも、コミュニケーションについて「教えてくれる」わけではありません。社会の中では、自分とは異なるタイプの多くの人たちと接し、人間関係を調整し、具体的なコトバを重ねながら、経験を積んでいく中で身につけていくのです。失敗と成功を繰り返しながら、ある種の「厳しさ」の中でコミュニケーション能力を身につけていくのです。

また、社会においては、身の回りにコミュニケーションのモデルになるような人がいるとは限りません。しかし、学校にはコミュニケーションのモデルとなるべき人が必ずいます。それは教師です。教師がコミュニケーションのモデルになることが、子どもたちの言語経験の原点となるのです。人は人と接することで、コミュニケーション力を向上させていきます。そして、人と人を結ぶ接点の多くはコトバです。教師と子どもたちもコトバで結ばれており、その主要な舞台が授業というわけです。授業というと、どうしてもその内容に注意がいきがちですが、本書で述べてきたように、授業を具体的に「どのようなコトバで」おこなうかを自己モニターする、すなわち教師が自身のコトバに反省的であることが極めて重要です。「いまの言い方でよかったかな」、「子どもたちに伝わっているかな」というコトバに対する反省的な視点を持つだけでも、成長できる教師になるための大きな足がかりになります。

さらには、特定の教科内容に限定されない、広い意味での教師の「ワザ」についても、その大切さはこれまでに述べてきたとおりです。社会に出てからも学校時代を懐かしみ、そこで出会った先生のことを「いい先生だったなぁ」と思い出すとき、その具体的なイメージは、先生の語り口ではないでしょうか。「あの先生、私のことをよくわかってくれたんだよね」というような印象は、教師の「ワザ」によって形成されます。先輩や仲間教師の「ワザ」を共有し、経験による熟達によって身につけていくこともまた、教師の成長を促す大きな要素です。

本書をなすにあたっては、多くの小学校と先生方にご協力をいただきました。とりわけ尾道市立栗原北小学校、西予市立狩江小学校、横浜市立桂小学校には多大なご協力をいただきました。心からお礼申し上げます。また、本書の基礎となる研究を共におこなってくださったバトラー後藤裕子先生、多くの「ワザ」を提供してくださった牛頭哲宏先生、辰巳喜之先生、草稿の段階でコメントをくださった石田謙豪先生、田中祐輔さんに感謝申し上げます。そして、表現・表記はもちろん内容まで熱心にコメントくださったくろしお出版の堀池晋平さんに最大の感謝を申し上げたいと思います。

森 篤嗣

森　篤嗣（もり あつし）

帝塚山大学現代生活学部こども学科准教授。1975年兵庫県尼崎市生まれ。大阪外国語大学大学院博士後期課程修了。博士（言語文化学）。Chulalongkorn University（タイ・バンコク）、実践女子大学、国立国語研究所を経て現職。専門分野は日本語学、国語科教育、日本語教育。著書に『ロールプレイでコミュニケーションの達人を育てる小学生のための会話練習ワーク』（共著、ココ出版）、『にほんごこれだけ 1&2』（共編著、ココ出版）、『私たちの日本語』（共著、朝倉書店）、『日本語教育文法のための多様なアプローチ』（共編著、ひつじ書房）、『国語からはじめる外国語活動』（共著、慶應義塾大学出版会）、『現場で役立つ小学校国語科教育法』（共著、ココ出版）など。

新時代《しんじだい》教育《きょういく》のツボ選書《せんしょ》 3

授業《じゅぎょう》を変《か》えるコトバとワザ

— 小学校《しょうがっこう》教師《きょうし》のコミュニケーション実践《じっせん》 —

発　行	2013年4月8日　第1刷発行
著　者	森《もり》 篤嗣《あつし》
装　丁	スズキアキヒロ
装丁イラスト	坂木浩子
発行所	株式会社　くろしお出版 〒113-0033　東京都文京区本郷 3-21-10 TEL 03-5684-3389　FAX 03-5684-4762 http://www.9640.jp/　e-mail: kurosio@9640.jp
印刷所	株式会社　シナノ書籍印刷

ISBN 978-4-87424-585-9 C1037